KB271947

시사중국어사

진짜 중국어
단어 패턴 60

초판인쇄	2026년 4월 10일
초판발행	2026년 4월 20일
지은이	문광일
편집	최미진, 주민경, 연윤영, 徐婕
펴낸이	엄태상
디자인	진지화
조판	이서영
콘텐츠 제작	김선웅, 장형진
마케팅본부	이승욱, 노원준, 조성민, 이선민, 김동우
경영기획	조성근, 최성훈, 김로은, 최수진, 오희연
물류	정종진, 윤덕현, 신승진, 구윤주
펴낸곳	시사중국어사(시사북스)
주소	서울시 종로구 자하문로 300 시사빌딩
주문 및 문의	1588-1582
팩스	0502-989-9592
홈페이지	http://www.sisabooks.com
이메일	book_chinese@sisadream.com
등록일자	1988년 2월 12일
등록번호	제300-2014-89호

ISBN 979-11-5720-307-9 (14720)
　　　 979-11-5720-308-6 (SET)

＊ 이 책의 내용을 사전 허가 없이 전재하거나 복제할 경우 법적인 제재를 받게 됨을 알려 드립니다.

＊ 잘못된 책은 구입하신 서점에서 교환해 드립니다.

＊ 정가는 표지에 표시되어 있습니다.

안녕하세요. 문광일입니다.

저는 중국에서 20년 동안 생활하며 세계 각지의 수많은 중국어 학습자들과 접해 왔습니다. 그 과정에서 그들의 중국어 학습 전반에 걸친 다양한 문제점들을 발견하게 되었고, 특히 한국의 중국어 학습자들의 잘못된 학습 방식은 저로 하여금 「진짜 중국어 패턴 시리즈」를 집필하게 만든 가장 큰 이유이자 동력이 되었습니다.

그 핵심 원인은 바로 무분별한 단어 암기로 인한 시간 낭비였습니다.

하루에 외운 단어의 개수에 만족하는 학습 방식은 문장 번역이나 듣기에서의 추측에는 어느 정도 도움이 될 수 있으나, 실제 말하기(회화)에서는 오히려 부자연스러운 단어 사용으로 오해를 사는 경우가 적지 않습니다.

물론 어휘가 중국어 대화에서 중요하지 않다는 뜻은 아닙니다.

다만 그보다 더 효과적인 학습법은 중국인들이 실제로 가장 많이 사용하는 단어들을 중심으로, 그 단어들이 지닌 다양한 의미와 쓰임을 함께 익히는 것이라고 생각합니다.

그렇다면 중국인의 실제 대화 속에서 가장 자주 사용되는 단어들은 과연 무엇일까요?

본 도서의 출판 목적은 바로 여기에 있습니다.

저자는 수십 편의 중국 드라마 속 표현들을 분석하여, 그중 출현 빈도가 가장 높은 핵심 단어 60개를 선별하였고, 각 단어가 지닌 2~5가지 이상의 실제 쓰임을 설명했습니다. 또한 약 700여 개의 살아 있는 진짜 회화체 예문을 통해 독자 여러분의 중국어 회화 실력을 실질적으로 향상시키고자 노력했습니다.

이미 출간된 「진짜 중국어 문장 패턴 80」과 「진짜 중국어 입말 패턴 60」 두 권을 통해 실력이 중급 단계까지 성장하셨다면, 이제 본 「진짜 중국어 단어 패턴 60」을 통해 한 단계 더 도약하시길 바랍니다.

이 책을 통해 중국인에게

"你是哪国人? 어느 나라 사람이에요?"가 아니라

"你是哪儿人? 중국 어느 지역 사람이에요?"라는 질문을 받게 되시길 바랍니다.

이제는 중국 유학 없이도 중국인처럼 말할 수 있습니다.

독자 여러분의 실력이 날로 성장하시기를 진심으로 기원합니다.

祝大家步步高升!

저자 문광일

목차

단어 패턴 31 - 40　이것만은 꼭 기억하기!

단어 패턴 41 - 50　이것만은 꼭 기억하기!

단어 패턴 51 - 60　이것만은 꼭 기억하기!

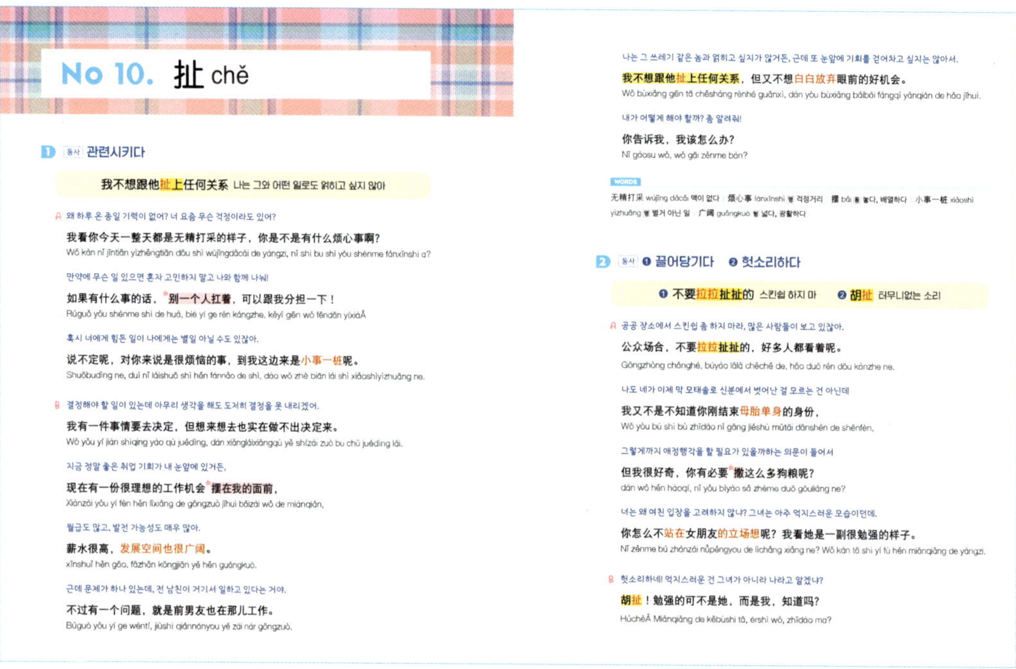

➪ 중국 드라마에서 가장 빈번하게 사용되는 핵심 단어 60개를 모았습니다. 각 단어의 중요
뜻 2~5가지를 제시하고 그 뜻을 활용한 700여 개의 살아 있는 진짜 회화체 예문 및
추가 표현을 더하였습니다. 톡톡 튀는 재미있는 회화문으로 단어를 장악해 보세요.

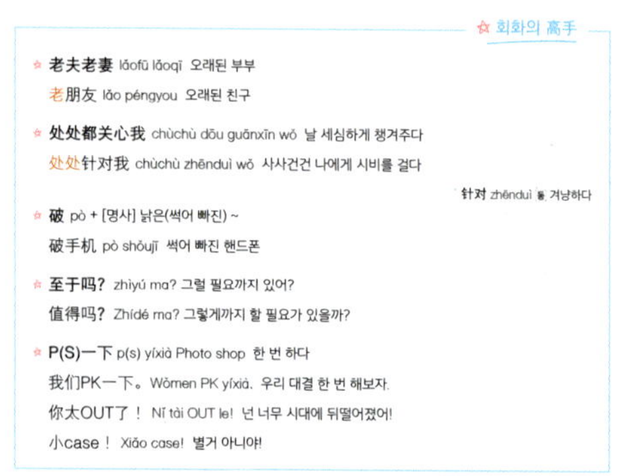

➪ 회화의 高手가 될 수 있는 유용한 팁을 추가하였습
니다. 뜻은 같으나 의미가 다른 한두 글자로 바뀌
는 미묘한 차이를 회화의 고수에서 확인해 보세요.

➪ 단어의 뜻과 주제어를 모아 놓았습니다.
마무리 정리용으로 활용해 보세요.

No 1.　对 duì

No 2.　算 suàn

No 3.　可 kě

No 4.　替 tì

No 5.　说 shuō

No 6.　再 zài

No 7.　该 gāi

No 8.　跟 gēn

No 9.　嘛 ma

No 10.　凭 píng

No 1. 对 duì

 **1** 개사 ~에 대하여

> **我对中国文化感兴趣** 나는 중국문화에 (대해) 관심이 있다

A 요며칠 관찰해 봤는데, 내가 보니 넌 중국 친구 밖에 없는 거 같더라?

据我这几天对你的观察，我看你身边只有中国朋友，是不是？
Jù wǒ zhè jǐ tiān duì nǐ de guānchá, wǒ kàn nǐ shēnbiān zhǐyǒu Zhōngguó péngyou, shì bu shì?

B 나는 중국문화에 대해 특히 관심이 있어서,

是因为我对中国文化特别感兴趣，
Shì yīnwèi wǒ duì Zhōngguó wénhuà tèbié gǎn xìngqù,

중국 친구와 소통을 해야 문화를 깊이 알 수 있거든.

然后跟中国朋友沟通才能深入了解到中国文化。
ránhòu gēn Zhōngguó péngyou gōutōng cái néng shēnrù liǎojiě dào Zhōngguó wénhuà.

WORDS

据 jù 개 ~에 근거하면 ｜ 深入 shēnrù 형 깊이 파고들다

 **2** 개사 ~에게

> **他对我很好** 걔는 나에게 매우 잘해줘

A 너희는 결혼한 지 꽤 된 부부인데 남편이 너에게 아직도 그렇게 잘해주니?

你们俩已经是老夫老妻了，你老公对你还是那么好吗？
Nǐmen liǎ yǐjīng shì lǎo fū lǎo qī le, nǐ lǎogōng duì nǐ háishi nàme hǎo ma?

B 응! 우리 남편은 늘 나에게 정말 잘해주고, 세심하게 날 챙겨줘!

嗯！我老公一如既往地对我关怀备至，处处都关心我！

Ǹg! Wǒ lǎogōng yìrú jìwǎng de duì wǒ guānhuái bèizhì, chùchù dōu guānxīn wǒ!

WORDS

一如既往 yìrú jìwǎng 성 지난날과 다름없다 | 关怀备至 guānhuái bèizhì 성 보살핌이 지극하다 | 处处 chùchù 부
도처에, 각방면에

표현 PLUS+

+ 对他好点儿吧！　그에게 잘 좀 해줘!
　 Duì tā hǎo diǎnr ba!

3 개사 ~입장에서

他对我很重要　그 사람은 나에게 (있어) 매우 중요해

A 망가진 만년필 하나 때문에 이렇게 화낼 필요가 있어?

就因为一支破钢笔，你这么生气，至于吗？

Jiù yīnwèi yì zhī pò gāngbǐ, nǐ zhème shēngqì, zhìyú ma?

이런 말도 몰라? '옛 것이 없어져야 새로운 것이 생긴다'.

你不知道这句话吗？ "旧的不去，新的不来"。

Nǐ bù zhīdào zhè jù huà ma? "Jiù de bú qù, xīn de bù lái".

B 그건 우리 할아버지가 물려주신 유품이라 나에게는 정말 중요하다고!

那是我爷爷留给我的遗物，对我可重要了！

Nà shì wǒ yéye liúgěi wǒ de yíwù, duì wǒ kě zhòngyào le!

이 만년필은 다른 어떤 물건으로도 대체할 수 없어.

这支笔是任何东西也代替不了的。

Zhè zhī bǐ shì rènhé dōngxi yě dàitì bùliǎo de.

WORDS

破 pò 형 망가지다, 파손되다 | 至于 zhìyú 동 ~정도에 이르다 | 遗物 yíwù 명 유품

+ **对**我来说 duì wǒ lái shuō 내 입장에서 보기에는

4 동사 상대하다, 대하다

和我**对**着干 나에게 반기를 들다

A 넌 그 사람에게 왜 그렇게 무섭게 해? 그 사람이랑 뭐 원수진 거 있어?

你为什么对他那么凶啊？跟他有仇啊？
Nǐ wèishénme duì tā nàme xiōng a? Gēn tā yǒu chóu a?

B 넌 모를거야! 걔는 내가 뭐만 하면 딴지를 놓는단 말야.

你不知道我无论做什么，他都和我**对**着干。
Nǐ bù zhīdào wǒ wúlùn zuò shénme, tā dōu hé wǒ duìzhe gàn.

WORDS

凶 xiōng 형 사납다 | 无论 wúlùn 접 ~를 막론하고

5 보어 제대로 ~하다

找**对**人了！ 사람 제대로 찾았네!

A 내 사진 포토샵을 해야 하는데 난 컴퓨터를 전혀 못해서, 나 좀 도와줄 수 있어?

我的照片需要P一下，但我对电脑一窍不通，你能不能帮我弄一下？
Wǒ de zhàopiàn xūyào P yíxià, dàn wǒ duì diànnǎo yíqiào bùtōng, nǐ néng bu néng bāng wǒ nòng yíxià?

B 사람 제대로 찾았네! 내가 IT쪽에서 일한 지 10년이 넘었잖아.

你找**对**人了！我从事IT行业已有十多年了。
Nǐ zhǎo duì rén le! Wǒ cóngshì IT hángyè yǐ yǒu shí duō nián le.

포토샵 정도는 나에게 식은 죽 먹기지.

P图对我来说小菜一碟。
P tú duì wǒ lái shuō xiǎocài yìdié.

P(图) 포토샵(Photoshop)의 신조어 | 一窍不通 yíqiào bùtōng 성 아무것도 모르다 | 从事 cóngshì 동 종사하다, 일하다 | 小菜一碟 xiǎocài yìdié 성 아주 쉬운 일, 식은 죽 먹기

☆ 회화의 高手

☆ **老夫老妻** lǎo fū lǎo qī 오래된 부부

老朋友 lǎo péngyou 오래된 친구

☆ **处处都关心我** chùchù dōu guānxīn wǒ 날 세심하게 챙겨주다

处处针对我 chùchù zhēnduì wǒ 사사건건 나에게 시비를 걸다

针对 zhēnduì 동 겨냥하다

☆ **破** pò + [명사] 부서진, 망가진 ~

破手机 pò shǒujī 망가진 핸드폰

☆ **至于吗?** zhìyú ma? 그럴 필요까지 있어?

值得吗?   그렇게까지 할 필요가 있을까?
Zhídé ma?

☆ **P(S)一下** p(s) yíxià Photoshop 한번 하다

我们PK一下。   우리 대결 한번 해보자.
Wǒmen PK yíxià.

你太OUT了!   넌 너무 시대에 뒤떨어졌어!
Nǐ tài OUT le!

小case!   별거 아니야!
Xiǎo case!

No 2. 算 suàn

① [동사] ~인 셈이다

你也**算**是美女啊 너도 미녀인 셈이야

A 넌 내 외모를 어떻게 평가해?

你怎么评价我的容貌呢?
Nǐ zěnme píngjià wǒ de róngmào ne?

B 사실, 너도 미녀인 셈이지(예쁜 편이지)!

☆**说实话**，你也**算**是美女啊！
Shuō shíhuà, nǐ yě suàn shì měinǚ a!

WORDS

评价 píngjià [동] 평가하다 | 容貌 róngmào [명] 외모, 용모 | 实话 shíhuà [명] 진실된 말

표현 PLUS+

+ 这**算**是便宜的。 이건 싼 편이야.
Zhè suàn shì piányi de.

+ **算**是吧！ 뭐 그런 셈이지! [어쩔 수 없는 긍정]
Suàn shì ba!

② [동사] 결정되다

我说了**算** 내가 말하면 그렇게 결정되다

A 좀 더 싸게 해줘요! 제가 손님 끌어올게요.

再便宜点儿吧！ 我可以给你拉些客人来啊。
Zài piányi diǎnr ba! Wǒ kěyǐ gěi nǐ lā xiē kèrén lái a.

B 정말 죄송해요! 저는 권한이 없어서요!

实在对不住！ 我说了也不**算**！

Shízài duìbuzhù! Wǒ shuō le yě bú suàn!

拉 lā 동 끌다, 당기다 ㅣ 实在 shízài 부 도저히

+ 我妈妈说了**算**。　엄마 말대로 해야 해.
   Wǒ māma shuō le suàn.

+ 这里谁说了**算**？　여기는 누가 책임자예요?
   Zhèlǐ shéi shuō le suàn?

3 동사 됐다 [포기]

算了吧！　　됐어/그만해!

A 찬물을 끼얹어서 미안해, 오늘 도저히 시간을 낼 수가 없어.

对不起，我给你泼了冷水，今天我实在**抽不出时间**。

Duìbuqǐ, wǒ gěi nǐ pōle lěngshuǐ, jīntiān wǒ shízài chōu bu chū shíjiān.

B 시간 없으면 됐어! 앞으로 시간이 많잖아, 기회가 있을 테니, 다음에 다시 약속하자!

没时间就**算**了吧！ 来日方长嘛，后会有期，下次再约吧！

Méi shíjiān jiù suàn le ba! Láirì fāngcháng ma, hòuhuì yǒuqī, xià cì zài yuē ba!

泼冷水 pō lěngshuǐ 관 찬물을 끼얹었다, 흥을 깨다 ㅣ 抽 chōu 동 내다, 뽑다 ㅣ 来日方长 láirì fāngcháng 성 앞으로 시간
이 많다

+ 他不想来的话，那就**算**了吧！　그가 오기 싫다면 그럼 됐어!
   Tā bù xiǎng lái dehuà, nà jiù suàn le ba!

说话算数 말하면 반드시 지킨다

A 너 돌았냐? 왜 이렇게 화를 내고 난리야?

你抽什么风啊？凶什么呀？
Nǐ chōu shénme fēng a? Xiōng shénme ya?

B 넌 왜 약속을 안 지켜? 한참 기다렸는데 아직도 안 오고 말야.

你怎么说话不算数呢？我等了半天，你还不来？
Nǐ zěnme shuōhuà bú suànshù ne? Wǒ děngle bàntiān, nǐ hái bù lái?

WORDS

抽风 chōufēng 통 정상을 벗어난 행동을 하다 | 半天 bàntiān 수 반나절

— ☆ 회화의 高手 —

☆ **说实话** shuō shíhuà 솔직히 말해서

坦白地说。 솔직히 말할게.
Tǎnbái de shuō.

☆ **实在对不住** shízài duìbuzhù 정말로 미안하다

实在找不到 shízài zhǎo bu dào 도저히 찾을 수 없다

☆ **抽出时间** chōuchū shíjiān 시간을 내다

空出时间 kòngchū shíjiān 시간을 비우다

挤出时间 jǐchū shíjiān 시간을 짜내다

☆ **동사 + 什么呀?** shénme ya? 왜 ~해? [짜증 섞인 말투]

看**什么呀**? 왜 쳐다봐?
Kàn shénme ya?

横**什么呀**? 왜 소리를 지르는 거야?
Hèng shénme ya?

☆ **说话算数** shuōhuà suànshù 말하면 반드시 지킨다

= 说到做到 shuōdào zuòdào

说话要算话 shuōhuà yào suànhuà 말하면 지켜야 한다

1 동사 적합하다

可口的菜 입에 맞는 음식

A 너 어제 갔던 그 식당 음식 맛 어때? 나도 가보려고!

你昨天去的那家餐厅的饭菜味道如何？我也想去一下！
Nǐ zuótiān qù de nà jiā cāntīng de fàncài wèidào rúhé? Wǒ yě xiǎng qù yíxià!

B 내 개인적인 생각에는, 맛이 좀 거시기 해! 진짜 입에 맞는 음식이 하나도 없어.

我个人觉得，味道太那个了！一个可口的菜都没有。
Wǒ gèrén juéde, wèidào tài nàge le! Yí ge kěkǒu de cài dōu méiyǒu.

WORDS

如何 rúhé 대사 어떠한가

2 동사 ~할 만하다

无话可说 할 만한 말이 없다

A 고집 부리지 말고, 그에게 잘 말해봐!

你就别犟了，跟他好好儿说吧！
Nǐ jiù bié jiàng le, gēn tā hǎohāor shuō ba!

B 나는 그와 할 말 없으니까 가라고 해!

我跟他无话可说，你就让他走吧！
Wǒ gēn tā wú huà kě shuō, nǐ jiù ràng tā zǒu ba!

WORDS

犟 jiàng 형 고집부리다

표현 PLUS+

+ **可**看的电影 kě kàn de diànyǐng 볼 만한 영화

+ 无家**可**归 wú jiā kě guī 돌아갈 만한 집이 없다

3 [부사] **可** + 술어 [강조]

你**可**别告诉她 그녀에게 절대 말하지 마

A 알고 보니 너 와이프 몰래 차 샀구나? 간이 부은거야?

☆**合着**你背着老婆买了一辆车？我说你吃了豹子胆了？

Hézhe nǐ bèizhe lǎopo mǎile yí liàng chē? Wǒ shuō nǐ chīle bàozidǎn le?

B 너 절대 내 와이프에게 말하지 마, 때 되면 내가 직접 말할 거야.

你**可**别告诉她，☆**到时候**我会亲口告诉我老婆的。

Nǐ kě bié gàosu tā, dào shíhou wǒ huì qīnkǒu gàosu wǒ lǎopo de.

WORDS

合着 hézhe 알고 보니 ｜ 吃了豹子胆 chīle bàozidǎn [속담] 표범의 쓸개를 먹다, 간덩이가 붓다 ｜ 到时候 dào shíhou 때가 되면 ｜ 亲口 qīnkǒu [부] 직접, 본인 입으로

표현 PLUS+

+ 我**可**想回家了。 나 집에 정말 가고 싶어.
  Wǒ kě xiǎng huíjiā le.

+ 这**可**不是你的东西。 이건 절대 네 것이 아니야.
  Zhè kě bú shì nǐ de dōngxi.

☆ **太那个了** tài nàge le 너무 그렇다, 너무 거시기하다

太差劲了 tài chàjìn le 너무 형편없다

☆ **别犟了！** Bié jiàng le! 고집 부리지 마!

= 别犯倔了！ Bié fàn juè le!

你怎么这么轴啊？ 넌 왜 이렇게 고집스럽냐?
Nǐ zěnme zhème zhóu a?

☆ **合着** hézhe 알고 보니

原来如此啊！ 알고 보니 그런 거구나!
Yuánlái rúcǐ a!

☆ **到时候** dào shíhou 그때 가서, 때가 되면

到时候你可别后悔！ 넌 그때 가서 후회나 하지 마!
Dào shíhou nǐ kě bié hòuhuǐ!

1 [동사] 대신하다

我替他向您道歉 제가 그를 대신해 사과드릴게요

A 걔는 내 물건을 망가뜨리고 어떻게 그냥 가버릴 수 있지?

他把我的东西弄坏了，怎么能就这么走了呀？
Tā bǎ wǒ de dōngxi nònghuài le, zěnme néng jiù zhème zǒule ya?

B 제 생각엔, 걔가 집에 급한 일이 있어서 미처 말씀 못 드렸나 봐요, 제가 대신 사과드릴게요!

我估计，他家里有急事，没来得及跟您说，我替他向您道歉！
Wǒ gūjì, tā jiā li yǒu jíshì, méi láidejí gēn nín shuō, wǒ tì tā xiàng nín dàoqiàn!

WORDS

估计 gūjì [동] 추측하다 ｜ 来得及 láidejí [동] 시간 안에 할 수 있다

2 [개사] ~때문에

我替你捏了一把汗 〔걱정되어서〕 너 때문에 손에 땀을 쥐었어

A 난 방금 무대에서 아무 생각도 나지 않더라.

我刚才在台上脑子里一片空白。
Wǒ gāngcái zài tái shàng nǎozi li yí piàn kòngbái.

B 딱 보니까 알겠더라, 그래서 내가 너 때문에 손에 땀을 쥐었잖아.

我一看就知道了，所以我替你捏了一把汗。
Wǒ yí kàn jiù zhīdào le, suǒyǐ wǒ tì nǐ niēle yì bǎ hàn.

WORDS

捏 niē [동] (손가락으로) 쥐다

+ **您就别替我操心了。**　제 걱정은 하지 마세요.
Nín jiù bié tì wǒ cāoxīn le.

3 개사 ~를 위하여

别替他说话!　그 사람 편 좀 들지 마!

A 화내면 네 건강만 상해! 너 오늘따라 왜 이렇게 못 참고 그래?

发火只会伤害你的身体, 你今天怎么这么沉不住气啊?
Fāhuǒ zhǐ huì shānghài nǐ de shēntǐ, nǐ jīntiān zěnme zhème chén bu zhù qì a?

내가 보기엔 실중팔구 걔도 일부러 그런 건 아닌 거 같은데.

我看, 八九不离十他也不是故意的吧。
Wǒ kàn, bā jiǔ bù lí shí tā yě bú shì gùyì de ba.

B 내가 보기엔 그 자식은 일부러 그런거야! 넌 그 자식 편 좀 들지 마, 응?

我看, 他就是故意的! 你可别替他说话, 行吗?
Wǒ kàn, tā jiùshì gùyì de! Nǐ kě bié tì tā shuōhuà, xíng ma?

WORDS

八九不离十 bā jiǔ bù lí shí 실중팔구, 거의 ｜ 故意 gùyì 부 일부러

+ **你就别向着他说话了!**　넌 걔 편 좀 들지 마!
Nǐ jiù bié xiàngzhe tā shuōhuà le!

☆ **我估计** wǒ gūjì 내가 보기에는

我个人觉得 wǒ gèrén juéde 내 개인적인 생각으로는

依我看 yī wǒ kàn 내 생각에는

☆ **没来得及** méi láidejí (조건상) 미처 ~하지 못하다

没来得及通知他们。 미처 그들에게 공지를 못했어.
Méi láidejí tōngzhī tāmen.

☆ **脑子里一片空白** nǎozi li yí piàn kòngbái 머릿속이 캄캄해지다

突然之间脑子一片空白。 갑자기 머릿속이 캄캄해졌다.
Tūrán zhījiān nǎozi yí piàn kòngbái.

☆ **沉不住气** chén bu zhù qì 감정을 억누르지 못하다

控制不了情绪 kòngzhì bùliǎo qíngxù 감정을 억제할 수 없다

你能沉得住气吗? 넌 참을 수 있어?
Nǐ néng chén de zhù qì ma?

1 동사 **말하다**

不过脑子说话 아무 생각 없이 말하다

A 너 정말 짱이다! 넌 언제쯤 아무 생각 없이 말하는 병 고칠래?

我真佩服你！你到什么时候才能改掉不过脑子说话的毛病呢？

Wǒ zhēn pèifú nǐ! Nǐ dào shénme shíhou cái néng gǎidiào bú guò nǎozi shuōhuà de máobìng ne?

B 무슨 말이야? 내가 말한 건 다 사실이야!

说什么呢？我说的都是事实！

Shuō shénme ne? Wǒ shuō de dōu shì shìshí!

WORDS

佩服 pèifú 동 탄복하다 | 改掉 gǎidiào 고쳐내다

2 동사 **말하다**

说变就变 걸핏하면 마음대로 변하다

A 너는 왜 하루 종일 정색을 하고 그래?

你干嘛一整天都板着脸呢？

Nǐ gàn ma yì zhěng tiān dōu bǎnzhe liǎn ne?

B 여친 때문에 그래! 여자들 성격은 진짜 이해가 안 돼! 걸핏하면 마음이 변해서, 이랬다가 저랬다가……

这都是因为女人！女人的性格真搞不明白！说变就变，出尔反尔。

Zhè dōu shì yīnwèi nǚrén! Nǚrén de xìnggé zhēn gǎo bu míngbai! Shuō biàn jiù biàn, chū'ěr fǎn'ěr.

WORDS

搞不明白 gǎo bu míngbai 이해할 수 없디 | 出尔反尔 chū'ěr fǎn'ěr 성 이랬다 저랬다 한다

+ **你怎么说走就走了呢？** 넌 어떻게 마음대로 가버리냐?
Nǐ zěnme shuō zǒu jiù zǒule ne?

+ **翻脸比翻书还快。** 얼굴색 변하는 속도가 책 넘기는 속도보다(무지하게) 빠르네.
Fānliǎn bǐ fān shū hái kuài.

* 翻脸 fānliǎn 동 불쾌한 얼굴을 하다

---

3 동사 질책하다

我在说你呢 내가 지금 너에게 뭐라고 하고 있잖아

A 내가 지금 너에게 뭐라고 하는 거니까 말 돌리지 마!

我在说你呢，你别转移话题！
Wǒ zài shuō nǐ ne, nǐ bié zhuǎnyí huàtí!

B 아이고! 알았어! 그만 말해! 귀에 딱지 생기겠어!

哎哟！我知道了！你别再说了，我耳朵都快长茧子了！
Āiyō! Wǒ zhīdào le! Nǐ bié zài shuō le, wǒ ěrduo dōu kuài zhǎng jiǎnzi le!

转移 zhuǎnyí 동 이동하다 ｜ 茧子 jiǎnzi 명 고치, 딱지

---

4 동사 의미하다

我说 저기 있잖아

A 저기 있잖아! 그게…… 너……

我说！那个……你……
Wǒ shuō! Nàge … nǐ …

B 무슨 일인데? 할 말 있으면 얼른 해! 우물쭈물하지 말고.

什么事？有话直说吧！别支支吾吾的。
Shénme shì? Yǒu huà zhí shuō ba! Bié zhīzhīwūwū de.

支支吾吾 zhīzhīwūwū 우물쭈물하다

☆ **佩服你** pèifú nǐ 너 대단하다

我崇拜你!　넌 정말 짱이야!
Wǒ chóngbài nǐ!

真有你的!　너 진짜 끝내준다!
Zhēn yǒu nǐ de!

☆ **板着脸** bǎnzhe liǎn 정색하다

冷着脸 lěngzhe liǎn 무서운 얼굴을 하다

☆ **转移话题** zhuǎnyí huàtí 말을 돌리다

您讲，我洗耳恭听。　말씀하세요, 집중해서 듣겠습니다.
Nín jiǎng, wǒ xǐ'ěr gōngtīng.

☆ **我耳朵都快长茧子了** 귀에 딱지가 생기다, 귀에 못이 박히다
wǒ ěrduo dōu kuài zhǎng jiǎnzi le

☆ **有话直说** yǒu huà zhí shuō 할 말 있으면 곧장 말하다

直截了当吧 zhíjié liǎodàng ba 단도직입적으로 말해

= 开门见山吧 kāimén jiànshān ba

别绕圈子了 bié rào quānzi le 말 돌리지 마

= 别兜圈子了 bié dōu quānzi le

= 别拐弯抹角了 bié guǎiwān mòjiǎo le

①  부사 다시

你别**再**装了 너 그만 ~척해라

A 오늘 밥은 내가 쏠 테니 넌 가만히 있어! 근데 지갑이……

☆**今天的饭我请，你别跟我抢，不过我的钱包……**
Jīntiān de fàn wǒ qǐng, nǐ bié gēn wǒ qiǎng, búguò wǒ de qiánbāo …

B 너 돈 없는 거 알거든, (돈 있는) 척 그만 해! 마음만 받을 게!

我知道你没钱，你别再装了！心领了！
Wǒ zhīdào nǐ méi qián, nǐ bié zài zhuāng le! Xīnlǐng le!

WORDS

装 zhuāng 동 ~인 척하다 | 心领 xīnlǐng 동 마음을 받다

② 부사 그리고, 다시

先把这事搞定了**再**说吧 이 일을 먼저 해결하고 다시 생각해 보자

A 내가 저번에 부탁한 일은 어떻게 됐어? 진전이 좀 있어?

我之前拜托你办的事怎么样了？有进展吗？
Wǒ zhīqián bàituō nǐ bàn de shì zěnmeyàng le? Yǒu jìnzhǎn ma?

B 미안해! 요즘 너무 바빠서! 우선 지금 하는 일을 해결하고 다시 생각해 보자.

对不起！我最近☆忙得不可开交，先把手里的事搞定了再说吧。
Duìbuqǐ! Wǒ zuìjìn máng de bùkě kāijiāo, xiān bǎ shǒu li de shì gǎodìng le zài shuō ba.

WORDS

拜托 bàituō 동 삼가 부탁하다 | 不可开交 bùkě kāijiāo 성 헤어날 수 없다 | 搞定 gǎodìng 동 처리하다

再累我**也**会坚持到底的 아무리 피곤해도 끝까지 갈 것이다

A 강한 척하지 말고, 힘들면 관둬버려!

你就别逞强了，觉得累那就别干了！
Nǐ jiù bié chěngqiáng le, juéde lèi nà jiù bié gàn le!

B 무슨 소리! 아무리 어려워도 끝까지 간다!

废话！再累我也会☆坚持到底的！
Fèihuà! Zài lèi wǒ yě huì jiānchí dàodǐ de!

WORDS

逞强 chěngqiáng 동 강한 척하다 | 坚持 jiānchí 동 견지하다 | 동사 + 到底 dàodǐ 끝까지 ~하다

표현 **PLUS+**

+ **再**找**也**找不到。 아무리 찾아도 찾을 수 없어.
Zài zhǎo yě zhǎo bu dào.

+ **再也**不行。 아무리 해도 안 되네.
Zài yě bù xíng.

☆ 회화의 高手

☆ 这顿饭我请，别跟我抢。 이 밥은 내가 쏠 테니 넌 가만히 있어.
Zhè dùn fàn wǒ qǐng, bié gēn wǒ qiǎng.

今天我做东，你们尽情地吃！ 오늘은 내가 쏠 테니까, 너희는 마음껏 먹어!
Jīntiān wǒ zuòdōng, nǐmen jìnqíng de chī!

☆ 忙得不可开交 máng de bùkě kāijiāo 너무 바쁘다

= 忙得团团转 máng de tuántuánzhuàn

忙得连吃饭都顾不上。 바빠서 밥도 못 먹어.
Máng de lián chīfàn dōu gù bu shàng.

☆ 坚持到底 jiānchí dàodǐ 끝까지 가다

死磕到底 sǐkē dàodǐ 끝까지 죽기 살기로 하다

No 7. 该 gāi

1 [지시대명사] 이, 그, 저

> **该老板** 그 사장님

A 너무 감사하게도 네 도움 덕분에 내가 일자리를 구했어. 도대체 그 사장님과 너는 무슨 관계야?

☆**谢天谢地**，多亏你的帮助，我找到了工作。**该老板**到底是你什么人啊？

Xiètiān xièdì, duōkuī nǐ de bāngzhù, wǒ zhǎodào le gōngzuò. Gāi lǎobǎn dàodǐ shì nǐ shénme rén a?

B 나 그 사장님과 딱 한 번 만났어, 근데 우리 회사가 그 회사와 협력 관계거든.

☆**我与他有一面之缘**，但是我们公司是**该**公司的合作伙伴。

Wǒ yǔ tā yǒu yímiàn zhī yuán, dànshì wǒmen gōngsī shì gāi gōngsī de hézuò huǒbàn.

WORDS

多亏 duōkuī [동] 다행이다, 덕을 보다 | 一面之缘 yímiàn zhī yuán 한 번 만난 인연 | 合作伙伴 hézuò huǒbàn 협력업체

2 [조동사] ~해야만 한다

> ❶ **该**说的都说完了 할 말 다 했다　　❷ **该**干嘛干嘛去 할 일 하러 가라

A 너 왜 이렇게 계속 침묵하고 있어?

你怎么一直☆保持着沉默呢？

Nǐ zěnme yìzhí bǎochí zhe chénmò ne?

B 난 할 말 다 했으니까, 너도 너 할 일이나 하러 가!

我**该**说的都说完了，你呢，**该**干嘛干嘛去！

Wǒ gāi shuō de dōu shuōwán le, nǐ ne, gāi gàn ma gàn ma qù!

WORDS

保持 bǎochí [동] 유지하다 | 沉默 chénmò [형] 과묵하다 [동] 침묵하다

+ **我该买的都买完了。** 난 사야 할 것을 다 샀다.
　Wǒ gāi mǎi de dōu mǎiwán le.

---

3 동사 ~의 차례다, ~할 때이다

该独立生活了 독립할 때가 되었다

A 너 이 자식! 감히 말대꾸를 해? 머리가 커졌구나?

你竟敢跟我顶嘴？ 你翅膀硬了是吧？
Nǐ jìng gǎn gēn wǒ dǐngzuǐ? Nǐ chìbǎng yìngle shì ba?

B 엄마! 나도 이제 곧 스무살이에요. 저에게 너무 관여하지 마세요!

妈！我都快二十了，您别管得太宽了！
Mā! Wǒ dōu kuài èrshí le, nín bié guǎn de tài kuān le!

그리고…… 저도 이제 독립할 때가 됐으니 나가서 살게요.

还有……我该独立生活了，我出去住吧。
Háiyǒu … wǒ gāi dúlì shēnghuó le, wǒ chūqù zhù ba.

WORDS

竟敢 jìnggǎn 부 감히 | 顶嘴 dǐngzuǐ 동 말대꾸하다

☆ **谢天谢地** xiètiān xièdì 너무 감사하다

是不幸中的万幸了。 불행 중 다행이야.
Shì búxìng zhōng de wànxìng le.

☆ **我与他有一面之缘** 그와 나는 딱 한 번 만난 인연이다
wǒ yǔ tā yǒu yímiàn zhī yuán

我与他只有一面之缘。 나는 그와 인사 정도 한 사이이다.
Wǒ yǔ tā zhǐyǒu yímiàn zhī yuán.

☆ **保持沉默** bǎochí chénmò 침묵을 지키다

我嘴最严。 나 입 정말 무거워.
Wǒ zuǐ zuì yán.

☆ **你翅膀硬了是吧？** 머리가 컸구나?
Nǐ chìbǎng yìngle shì ba?

你真是长本事了！ 너 많이 컸구나!
Nǐ zhēnshi zhǎng běnshì le!

☆ **管得太宽** guǎn de tài kuān 너무 관여하다

把我管得太紧了 bǎ wǒ guǎn de tài jǐn le 나를 너무 엄하게 단속하다

No 8. 跟 gēn

1 동사 따라가다

我实在跟不上你的节奏 난 도저히 네 박자를 따라갈 수가 없다

A 내가 말하는 대로만 하면 돼! 우선……

只要照我说的做就可以了！首先……
Zhǐyào zhào wǒ shuō de zuò jiù kěyǐ le! Shǒuxiān …

B 잠깐만! 너 말 속도가 너무 빠른 거 아니야! 난 도저히 네 박자를 못 따라가겠어.

等等！你的语速也太快了吧！我实在跟不上你的节奏啊。
Děngdeng! Nǐ de yǔsù yě tài kuài le ba! Wǒ shízài gēn bu shàng nǐ de jiézòu a.

> **WORDS**
>
> 照 zhào 개 ~를 따라 | 语速 yǔsù 명 말의 속도 | 节奏 jiézòu 명 리듬, 박자, 템포

2 동사 좇아가다

你别跟着瞎操心 너까지 덩달아 쓸데없는 걱정하지 마

A 듣자하니 너 몸이 안 좋아서 고향에 갔다며? 내가 지금 너 있는 데로 바로 갈게!

听说，你以身体不佳为由回老家了？我现在去你那儿吧！
Tīngshuō, nǐ yǐ shēntǐ bù jiā wéi yóu huí lǎojiā le? Wǒ xiànzài qù nǐ nàr ba!

B 너까지 덩달아 쓸데없는 걱정하지 마! 집에서 잘 요양하면 되니까.

你别跟着瞎操心了，我在家里安心养病就可以了。
Nǐ bié gēnzhe xiā cāoxīn le, wǒ zài jiā li ānxīn yǎngbìng jiù kěyǐ le.

> **WORDS**
>
> 佳 jiā 형 좋다, 훌륭하다 | 瞎 xiā 부 함부로 | 养病 yǎngbìng 동 요양하다

+ **别跟着瞎起哄！** 너까지 덩달아 나대지 마!
Bié gēnzhe xiā qǐhòng!

· **起哄** qǐhòng 图 소란을 피우다

☆ **회화의 高手**

☆ **照我说的做** zhào wǒ shuō de zuò 내 말대로 해

我让你做什么你就做什么！ 내가 너에게 하라는 대로 해!
Wǒ ràng nǐ zuò shénme nǐ jiù zuò shénme!

☆ **也太……了吧** yě tài … le ba 너무 ~한 거 아니야?

你也太厉害了吧！ 너 너무 대단한 거 아니야?
Nǐ yě tài lìhai le ba!

☆ **以身体不佳为由** yǐ shēntǐ bù jiā wéi yóu 몸이 안 좋다는 이유로

以韩国为例 yǐ Hánguó wéi lì 한국을 예로 들면

No 9. 嘛 ma

1 어기조사 ~잖아

事业处于起步阶段**嘛** 사업 이제 막 시작했잖아 [확실한 상황]

A 우리 대학교 졸업생 단톡방에서 들었는데 너 요즘 사업 잘된다며?

听咱们大学毕业群里说，你最近的生意挺火，是吗？
Tīng zánmen dàxué bìyè qún li shuō, nǐ zuìjìn de shēngyì tǐng huǒ, shì ma?

소문이 쫙 퍼졌어, 넌 한턱 거하게 쏴야 해!

这消息*传得沸沸扬扬，你可得请我吃大餐！
Zhè xiāoxi chuán de fèifèiyángyáng, nǐ kě děi qǐng wǒ chī dàcān!

B 누가 퍼뜨린 헛소문이야? 사업 이제 막 시작했잖아, 계속 투자만 하고 있다고.

是谁*散播的谣言？事业处于起步阶段**嘛**！我一直在投资呢。
Shì shéi sànbō de yáoyán? Shìyè chǔyú qǐbù jiēduàn ma! Wǒ yìzhí zài tóuzī ne.

WORDS

沸沸扬扬 fèifèiyángyáng 형 왁자지껄한 모양 | 散播 sànbō 동 퍼뜨리다 | 谣言 yáoyán 명 헛소문

표현 PLUS+

+ 他毕竟是咱们的老师**嘛**。　어쨌든 우리 쌤이잖아.
Tā bìjìng shì zánmen de lǎoshī ma.

2 어기조사 애교성 부탁이나 권유

你就别让人家去**嘛** 넌 나더러 가라고 하지 마 [애교의 느낌]

A 난 안 가는 게 좋겠어, 네가 나 대신 가서 그에게 사과 좀 해.

我还是不去了吧，你替我去*跟他赔礼道歉吧。
Wǒ háishi bú qù le ba, nǐ tì wǒ qù gēn tā péilǐ dàoqiàn ba.

你去也得去，不去也得去，如果你不去，我就跟你翻脸！
Nǐ qù yě děi qù, bú qù yě děi qù, rúguǒ nǐ bú qù, wǒ jiù gēn nǐ fānliǎn!

B 나더러 가라고 하지 마랑! 이런 말도 있잖앙, '네가 하기 싫은 건 남에게도 시키지 마라'.

你就别让人家去嘛！不是有句话嘛，"己所不欲，勿施于人"。
Nǐ jiù bié ràng rénjia qù ma! Bú shì yǒu jù huà ma, "Jǐ suǒ bú yù, wù shī yú rén".

WORDS

赔礼道歉 péilǐ dàoqiàn 정중하게 사과하다 | 翻脸 fānliǎn 동 태도를 바꾸다

표현 PLUS+

+ 你就跟我一起去嘛。　나랑 같이 가주랑~
Nǐ jiù gēn wǒ yìqǐ qù ma.

☆ 회화의 高手

☆ **传得沸沸扬扬** chuán de fèifèiyángyáng 소문이 쫙 퍼지다

众所周知 zhòngsuǒzhōuzhī ＝ 人人皆知 rénrén jiē zhī 성어 모두가 다 안다

☆ **散播谣言** sànbō yáoyán 헛소문을 퍼뜨리다

散布流言蜚语 sànbù liúyán fēiyǔ 유언비어를 퍼뜨리다

☆ **跟他赔礼道歉** gēn tā péilǐ dàoqiàn 그에게 정중히 사과하다

跟他服个软。　그에게 잘못을 인정해.
Gēn tā fú ge ruǎn.

☆ **我就跟你翻脸** wǒ jiù gēn nǐ fānliǎn 내가 너에게 화내다/정색하다

翻脸不认人 fānliǎn bú rèn rén 쌩까다, 안면 몰수하다

☆ **己所不欲，勿施于人** jǐ suǒ bú yù, wù shī yú rén 본인이 하기 싫은 건 남에게 시키지 마라

推卸责任 tuīxiè zérèn 책임을 전가하다

No 10. 凭 píng

1 개사 ~를 근거하여

> 就凭他的水平，还跟我斗？　고작 걔 수준으로 나랑 해보겠다고?

A 년 별것도 아닌 일에 너무 걱정하지 마! 고작 걔 수준으로 나랑 해보겠다고? 난 하나도 안 무서워.

你就*别大惊小怪了！就凭他的水平，还跟我斗？我一点儿都不怕。
Nǐ jiù bié dàjīng xiǎoguài le! Jiù píng tā de shuǐpíng, hái gēn wǒ dòu? Wǒ yìdiǎnr dōu bú pà.

B 그래도 내 생각에 넌 마음의 준비를 단단히 하는 게 좋겠어.

我还是觉得你应该*做好心理准备。
Wǒ háishi juéde nǐ yīnggāi zuòhǎo xīnlǐ zhǔnbèi.

내가 보니까 걔는 이번에 뭔가 준비하고 온 거 같더라고.

我看，他这回*是有备而来的。
Wǒ kàn, tā zhè huí shì yǒubèi érlái de.

WORDS

大惊小怪 dàjīng xiǎoguài 성 하찮은 것에 크게 놀라다 | 斗 dòu 동 투쟁하다, 다투다 | 有备而来 yǒubèi érlái 준비를 하고 오다

표현 PLUS+

+ 就凭你？　니 꼬락서니로(네까짓 게)?
Jiù píng nǐ?

+ 哈哈，就你？　하하, 니가(네까짓 게)?
Hāhā, jiù nǐ?

2　개사　~를 근거하여

凭你的条件，完全可以顺利通过　너 정도면 충분히 순조롭게 통과할 수 있어

A　문쌤! 저 내일 면접 보는데 너무 긴장돼서 심장이 계속 뛰는데 어떡해요?

文老师！我明天有面试，我很紧张，心里直打鼓，怎么办？
Wén lǎoshī! Wǒ míngtiān yǒu miànshì, wǒ hěn jǐnzhāng, xīnlǐ zhí dǎgǔ, zěnme bàn?

B　걱정 마! 너 정도면 충분히 순조롭게 통과할 수 있어!

别担心！凭你的条件，完全可以顺利通过！
Bié dānxīn! Píng nǐ de tiáojiàn, wánquán kěyǐ shùnlì tōngguò!

너처럼 우수한 학생은 찾기 힘들지!

像你这样优秀的学生，打着灯笼也找不到！
Xiàng nǐ zhèyàng yōuxiù de xuésheng, dǎzhe dēnglong yě zhǎo bu dào!

WORDS

打鼓 dǎgǔ 동 북을 치다, 가슴이 두근거리다

3　명사　증거

口说无凭，立据为证吧　말로만 하면 근거가 없으니 계약서를 써서 증거를 남기자

A　돈 빌려줘서 고마워! 이 복권 당첨되면 절반 줄게!

谢谢你借我钱，这彩票若中奖了，我就把一半儿给你！
Xièxie nǐ jiè wǒ qián, zhè cǎipiào ruò zhòngjiǎng le, wǒ jiù bǎ yíbànr gěi nǐ!

B　말로만 하면 근거가 없잖아! 종이 한 장 가져왔어! 자, 증거를 남기자!

口说无凭嘛！我带来了一张纸，来！立据为证吧！
Kǒushuō wúpíng ma! Wǒ dàilái le yì zhāng zhǐ, lái! Lì jù wéi zhèng ba!

이래야 그때 가서 네가 딴소리를 못하지! 하하!

这样，到时候你别想赖账！哈哈！
Zhèyàng, dào shíhou nǐ bié xiǎng làizhàng! Hāhā!

中奖 zhòngjiǎng 동 당첨되다 │ 赖账 làizhàng 동 발뺌하다, 빚을 떼먹다

☆ 회화의 高手

☆ **别大惊小怪了** bié dàjīng xiǎoguài le 하찮은 일에 소란 떨지 마라

别小题大作了。 하찮은 일에 소란 떨지 마.
Bié xiǎotí dàzuò le.

☆ **做好心理准备** zuòhǎo xīnlǐ zhǔnbèi 마음의 준비를 단단히 해라

你先做好心理准备再去吧。 넌 먼저 마음의 준비를 단단히 하고 가라.
Nǐ xiān zuòhǎo xīnlǐ zhǔnbèi zài qù ba.

☆ **是有备而来的** shì yǒubèi érlái de 준비를 하고 온 것이다

我是有目的而来的。 나는 목적이 있어서 온 거야.
Wǒ shì yǒu mùdì érlái de.

☆ **打着灯笼也找不到** dǎzhe dēnglong yě zhǎo bu dào 눈에 불을 켜고 찾아도 찾기 힘들다

怎么也找不到 zěnme yě zhǎo bu dào 아무리 해도 찾을 수 없다

☆ **立据为证** lì jù wéi zhèng 문서화하여 증거로 남기다

立字为证 lì zì wéi zhèng 글씨를 써서 증빙으로 삼다

空口无凭，立个字据。 말로만 하는 건 근거가 없으니 증빙자료를 남겨주세요.
Kōngkǒu wúpíng, lì ge zìjù.

이것만은 꼭 기억하기!

No 1. 对 duì

① [개사] **~에 대하여**
我对中国文化感兴趣 나는 중국문화에 (대해) 관심이 있다

② [개사] **~에게**
他对我很好 걔는 나에게 매우 잘해줘

③ [개사] **~입장에서**
他对我很重要 그 사람은 나에게 매우 중요해

④ [동사] **상대하다, 대하다**
和我对着干 나에게 반기를 들다

⑤ [보어] **제대로 ~하다**
找对人了！사람 제대로 찾았네!

No 2. 算 suàn

① [동사] **~인 셈이다**
你也算是美女啊 너도 미녀인 셈이야

② [동사] **결정되다**
我说了算 내가 말하면 그렇게 결정되다

③ [동사] **됐다** [포기]
算了吧！됐어/그만해!

④ [동사] **약속지키다**
说话算数 말하면 반드시 지킨다

No 3. 可 kě

① [동사] **적합하다**
可口的菜 입에 맞는 음식

② [동사] **~할 만하다**
无话可说 할 만한 말이 없다

③ [부사] **可 + 술어** [강조]
你可别告诉她 그녀에게 절대 말하지 마

No 4. 替 tì

① [동사] **대신하다**
我替他向您道歉 제가 그를 대신해 사과드릴게요

② [개사] **~때문에**
我替你捏了一把汗 (걱정되어서) 너 때문에 손에 땀을 쥐었어

③ [개사] **~를 위하여**
别替他说话！그 사람 편 좀 들지 마!

No 5. 说 shuō

1 [동사] **말하다**

不过脑子说话 아무 생각 없이 말하다

2 [동사] **말하다**

说变就变 걸핏하면 마음대로 변하다

3 [동사] **질책하다**

我在说你呢 내가 지금 너에게 뭐라고 하고 있잖아

4 [동사] **의미하다**

我说 저기 있잖아

No 6. 再 zài

1 [부사] **다시**

你别再装了 너 그만 ~척해라

2 [부사] **그리고, 다시**

先把这事搞定了再说吧 이 일을 먼저 해결하고 다시 생각해 보자

3 [부사] **아무리 ~(도)**

再累我也会坚持到底的 아무리 피곤해도 끝까지 갈 것이다

No 7. 该 gāi

1 [지시대명사] **이, 그, 저**

该老板 그 사장님

2 [조동사] **~해야만 한다**

(1) 该说的都说完了 할 말 다 했다

(2) 该干嘛干嘛去 할 일 하러 가라

3 [동사] **~의 차례다, ~할 때이다**

该独立生活了 독립할 때가 되었다

No 8. 跟 gēn

1 [동사] **따라가다**

我实在跟不上你的节奏 난 도저히 네 박자를 따라갈 수가 없다

2 [동사] **좇아가다**

你别跟着瞎操心 너까지 덩달아 쓸데없는 걱정하지 마

No 9. 嘛 ma

1 [어기조사] **~잖아**

事业处于起步阶段嘛 사업 이제 막 시작했잖아 [확실한 상황]

2 [어기조사] **애교성 부탁이나 권유**

你就别让人家去嘛 넌 나더러 가라고 하지 마 [애교의 느낌]

No 10. 凭 píng

1 [개사] **~를 근거하여**

就凭他的水平, 还跟我斗? 고작 걔 수준으로 나랑 해보겠다고?

2 [개사] **~를 근거하여**

凭你的条件, 完全可以顺利通过 너 정도면 충분히 순조롭게 통과할 수 있어

3 [명사] **증거**

口说无凭, 立据为证吧 말로만 하면 근거가 없으니 계약서를 써서 증거를 남기자

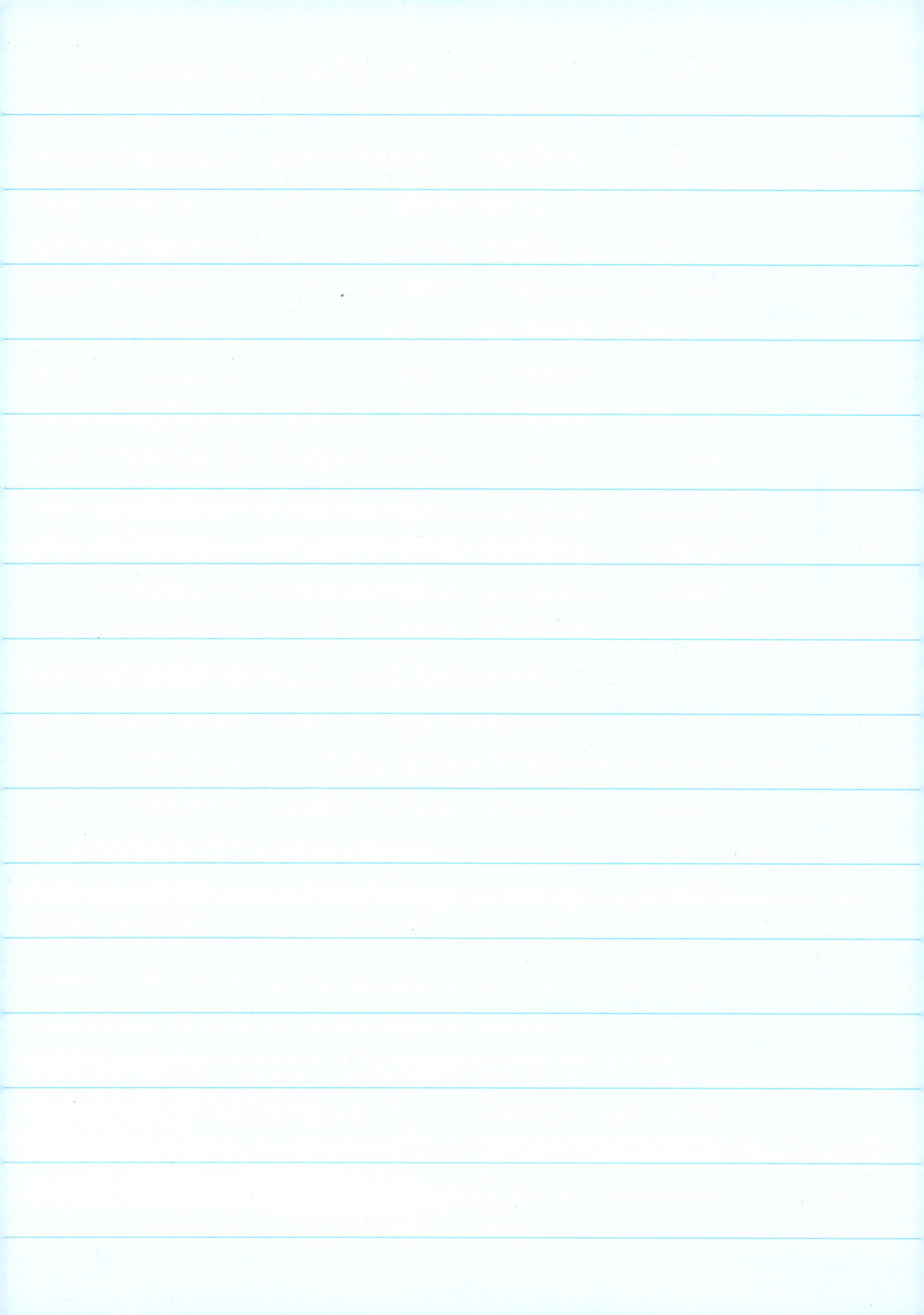

No 11. 趁 chèn

① 개사 ~를 틈타서, ~를 빌어

我想趁这个机会说两句 제가 이번 기회를 빌어 몇 마디 하죠

A 제 아이는 무조건 제가 정한 시간표대로 공부해야 해요.

我的孩子必须按照我安排的时间学习。
Wǒ de háizi bìxū ànzhào wǒ ānpái de shíjiān xuéxí.

어머니, 이번 기회에 몇 말씀드릴게요, 항상 그렇게 애를 감싸시면 걔 버릇이 나빠진다고요.

妈，我想趁这个机会说两句，您老那么护着孩子，会把孩子惯坏的。
Mā, wǒ xiǎng chèn zhège jīhuì shuō liǎng jù, nín lǎo nàme hùzhe háizi, huì bǎ háizi guànhuài de.

전 아이가 시작부터 뒤처지게 할 수는 없어요.

我可不想让孩子输在起跑线上呢。
Wǒ kě bù xiǎng ràng háizi shū zài qǐpǎoxiàn shàng ne.

B 넌 말을 하면 할수록 논리에 어긋나는구나, 네 아들은 이제 겨우 2살이야!

你呀，越说越离谱，你儿子才两岁啊！
Nǐ ya, yuè shuō yuè lípǔ, nǐ érzi cái liǎng suì a!

WORDS

起跑线 qǐpǎoxiàn 몡 스타트라인 | 离谱 lípǔ 형 비현실적이다, 이치에 어긋나다

표현 PLUS+

+ 趁还来得及，赶紧跟老板说。 늦지 않았으니까 얼른 사장님께 말씀드려.
Chèn hái láidejí, gǎnjǐn gēn lǎobǎn shuō.

+ 你趁早跟他分手吧。 일찌감치 그와 헤어져라.
Nǐ chènzǎo gēn tā fēnshǒu ba.

趁热吃 따뜻할 때 먹어

A 작은 성의예요(받아주세요)! 약소합니다!

一点儿小意思，不成敬意！
Yìdiǎnr xiǎo yìsi, bùchéng jìngyì!

B 그냥 오지 뭘 돈을 낭비하고 그래?

来就来呗，还破费什么呀？
Lái jiù lái bei, hái pòfèi shénme ya?

오늘 드디어 너에게 실력발휘 할 수 있겠네. 내 솜씨를 한번 맛보라고.

今天可算能给你露一手了，尝尝我的手艺吧。
Jīntiān kě suàn néng gěi nǐ lòu yìshǒu le, chángchang wǒ de shǒuyì ba.

따뜻할 때 먹어, 식으면 맛없으니까.

趁热吃，凉了就不好吃了。
Chèn rè chī, liáng le jiù bù hǎochī le.

WORDS

不成敬意 bùchéng jìngyì 약소하다, 변변치 않다 | 破费 pòfèi 동 (돈)낭비하다 | 露一手 lòu yìshǒu 솜씨를 한번 보여 주다 | 手艺 shǒuyì 명 솜씨

표현 PLUS+

+ **趁年轻多走走，老了就走不动了。** 젊었을 때 많이 돌아다녀, 늙으면 걷지도 못해.
Chèn niánqīng duō zǒuzou, lǎo le jiù zǒu bu dòng le.

☆ **把孩子惯坏了** bǎ háizi guànhuài le 아이를 버릇없게 만들다

你太宠孩子了。　너는 애를 너무 버릇없이 기른다.
Nǐ tài chǒng háizi le.

☆ **越说越离谱** yuè shuō yuè lípǔ 말할수록 비현실적이다

他这个人太不靠谱了。　그 사람은 너무 비현실적이야(믿을 만하지 못해).
Tā zhège rén tài bú kàopǔ le.

☆ **一点儿小意思，不成敬意** yìdiǎnr xiǎo yìsi, bùchéng jìngyì 작은 성의다, 약소하다

这是我的一份心意，请您收下。　이것은 제 성의이니 받아주세요.
Zhè shì wǒ de yí fèn xīnyì, qǐng nín shōuxià.

☆ **给你露一手** gěi nǐ lòu yìshǒu 너에게 솜씨를 한번 보여주다

我这次让你长长见识吧。　(잘 봐) 내가 너의 식견을 넓혀줄 테니까.
Wǒ zhè cì ràng nǐ zhǎngzhang jiànshi ba.

No 12. 逗 dòu

1 [형용사] 우습다

你这个人太逗了　너 정말 웃긴다 [어이가 없음]

A 혜선아! 나랑 결혼해 줘!

惠善！跟我结婚吧！
Huìshàn! Gēn wǒ jiéhūn ba!

난 널 처음 봤을 때 네가 바로 내 운명의 아내라는 걸 알았어.

第一次看到你的时候，我就知道你就是我命中注定的老婆。
Dì yī cì kàndào nǐ de shíhou, wǒ jiù zhīdào nǐ jiùshì wǒ mìngzhōng zhùdìng de lǎopo.

난 반드시 너랑 결혼할 거야!

我非娶你不可！
Wǒ fēi qǔ nǐ bùkě!

B 너 정말 웃긴다, 우리 둘 이제 알게 된 지 3일밖에 안 됐는데 프로포즈를?

你这个人太逗了，我们俩才认识三天，你就跟我求婚？
Nǐ zhège rén tài dòu le, wǒmen liǎ cái rènshi sān tiān, nǐ jiù gēn wǒ qiúhūn?

그리고 넌 내 마음 속 기준에 전혀 맞질 않아, 그러니까 얼른 생각 접어!

再说，你根本不符合我心中的标准，所以趁早打消这个念头！
Zài shuō, nǐ gēnběn bù fúhé wǒ xīn zhōng de biāozhǔn, suǒyǐ chènzǎo dǎxiāo zhège niàntou!

WORDS

命中注定 mìngzhōng zhùdìng 숙명적이다 | 非……不可 fēi … bùkě ~하지 않으면 안 된다 | 符合 fúhé [동] 부합하다 |
趁早 chènzǎo [부] 일찌감치 | 打消 dǎxiāo [동] 단념하다, 버리다 | 念头 niàntou [명] 생각, 마음

+ 他说的话真逗。　그의 말은 정말 우습다.
Tā shuō de huà zhēn dòu.

+ 这部电影太逗了。　이 영화는 진짜 웃긴다.
Zhè bù diànyǐng tài dòu le.

2 동사 놀리다, 희롱하다

你别逗了　너 까불지 마

A 누가 그러더라 사람 속은 모른다더니, 너 너무 꽁꽁 숨긴 거 아니야?

人家说 "人心隔肚皮"，你隐藏得也太深了吧？
Rénjiā shuō "rénxīn gé dùpí", nǐ yǐncáng de yě tài shēn le ba?

지난 번에 걔는 네 스타일 아니라며? 언제부터 사귄거야?

你之前不是说过他不是你的菜吗？从什么时候开始在一起的呀？
Nǐ zhīqián bú shì shuōguo tā bú shì nǐ de cài ma? Cóng shénme shíhou kāishǐ zài yìqǐ de ya?

B 너 까불지 마! 넌 대체 뭘 보고 우리가 사귄다는 거야?

你别逗了！你到底是哪一只眼睛看到我们在一起的？
Nǐ bié dòu le! Nǐ dàodǐ shì nǎ yì zhī yǎnjing kàndào wǒmen zài yìqǐ de?

너 그렇게 계속 없는 일을 만들어내면, 난 너와 관계를 끊어버릴 거야!

你如果继续这么无中生有，我就跟你撇清关系！
Nǐ rúguǒ jìxù zhème wúzhōngshēngyǒu, wǒ jiù gēn nǐ piěqīng guānxi!

隐藏 yǐncáng 동 숨기다 ｜ 无中生有 wúzhōngshēngyǒu 성 없는 사실을 꾸며내다 ｜ 撇清关系 piěqīng guānxi 관계에 선을 긋다

+ 别逗我！　웃기지 마!
Bié dòu wǒ!

44

我是逗你玩儿的　난 농담한 거야

A 어제까지만 해도 너희 둘 잘 지냈잖아? 근데 왜 갑자기 헤어진 거야?

你们俩昨天还好好儿的，怎么突然就分了呢？
Nǐmen liǎ zuótiān hái hǎohāor de, zěnme tūrán jiù fēnle ne?

혹시 이 놈이 바람 피웠냐? 사람 본성은 쉽게 안 바뀌잖아, 사람을 이렇게 괴롭히다니.

是不是这臭小子劈腿了？　"江山易改，本性难移"嘛，欺人太甚。
Shì bu shì zhè chòuxiǎozi pǐtuǐ le? "Jiāngshān yì gǎi, běnxìng nányí" ma, qī rén tài shèn.

B 오늘 만우절이잖아, 농담한 거야! 바람 안 피웠어, 여전히 변함없이 나에게 잘해줘!

今天是愚人节嘛，我是逗你玩儿的！没劈腿，他一如既往地对我挺好！
Jīntiān shì Yúrén Jié ma, wǒ shì dòu nǐ wánr de! Méi pǐtuǐ, tā yìrú jìwǎng de duì wǒ tǐng hǎo!

WORDS

劈腿 pǐtuǐ 동 외도하다, 바람 피우다 | 江山易改，本性难移 jiāngshān yì gǎi, běnxìng nányí 강산은 변해도 사람은 변하기 힘들다 | 欺人太甚 qī rén tài shèn 사람을 너무 업신여기다

표현 PLUS+

+ 逗她开心 dòu tā kāixīn 그녀를 즐겁게 해주다

☆ **趁早** chènzǎo 일찌감치, 늦기 전에

你**趁早**放弃。　너 일찌감치 포기해.
Nǐ chènzǎo fàngqì.

☆ **人心隔肚皮** rénxīn gé dùpí 사람 속은 모른다

居心叵测 jūxīn pǒcè 사람 마음은 헤아리기 어렵다

知人知面不知心。　사람 마음은 알 수가 없다.
Zhī rén zhī miàn bù zhī xīn.

☆ **我就跟你撇清关系** wǒ jiù gēn nǐ piěqīng guānxi 난 너와 관계를 끊을 거야

跟他绝交 gēn tā juéjiāo 그와 절교하다

跟他划清界限 gēn tā huàqīng jièxiàn 그와 선을 확실히 긋다

☆ **好好儿的** hǎohāor de 멀쩡하다, 잘 ~하다

昨天说得**好好儿的**，今天为什么说不去啊？　어제는 대화 잘 해놓고 오늘은 왜 안 간대?
Zuótiān shuō de hǎohāor de, jīntiān wèishénme shuō bú qù a?

☆ **劈腿** pǐtuǐ 바람을 피우다, 외도하다

脚踏两只船 jiǎo tà liǎng zhī chuán 양다리를 걸치다

有外遇 yǒu wàiyù 다른 사람이 생기다

1 동사 변하다

他像变了一个人似的 걔는 딴사람으로 변한 거 같더라

A 어제 걔는 딴사람이 되어서, 갑자기 무릎을 꿇더니 정색하며 나에게 고백을 하잖아.

昨天他像变了一个人似的，突然跪下一本正经地跟我表白了。
Zuótiān tā xiàng biànle yí ge rén shìde, tūrán guìxià yìběn zhèngjīng de gēn wǒ biǎobái le.

난 걔가 나에게 장난하는 거라고 생각했어.

我以为他在逗我玩儿呢。
Wǒ yǐwéi tā zài dòu wǒ wánr ne.

B 내가 보기엔 장난하는 거 같지는 않은데, 취중진담이라고 하잖아.

我看不像开玩笑，酒后吐真言嘛。
Wǒ kàn bú xiàng kāi wánxiào, jiǔ hòu tǔ zhēn yán ma.

WORDS

似的 shìde 조 (마치) ~과 같다 | 一本正经 yìběn zhèngjīng 성 진지하다, 정색하다 | 逗 dòu 동 놀리다

표현 PLUS+

+ **判若两人** pàn ruò liǎng rén 전혀 딴사람 같다

2 동사 ~하게 변하다

她变漂亮了，都认不出来了 그녀는 몰라보게 예뻐졌다(예쁘게 변하다)

A 걔는 계속 얼굴도 안 비추더니 오늘은 드디어 왔네, 근데 몰라보게 예뻐졌더라.

她一直不露面，今天可出席了，不过她变漂亮了，都认不出来了。
Tā yìzhí bú lòumiàn, jīntiān kě chūxí le, búguò tā biàn piàoliang le, dōu rèn bu chūlai le.

B 여자가 연애를 하면 당연히 예뻐지는 거야, 게다가 여자 외모는 계속 변한다잖아.

谈恋爱，女人会理所当然地变美，再说，女大十八变嘛。
Tán liàn'ài, nǚrén huì lǐsuǒdāngrán de biàn měi, zài shuō, nǚ dà shíbā biàn ma.

露面 lòumiàn 동 얼굴을 드러내다 ｜ 出席 chūxí 동 출석하다 ｜ 理所当然 lǐsuǒdāngrán 성 도리를 보아 당연하다 ｜
女大十八变 nǚ dà shíbā biàn 여자는 자라면서 변한다

3 동사 ~로 변하다

变成工作狂了 일벌레로 변했다

A 미안해, 주말에도 일을 해야 해. 이렇게 하자! 다음에 내가 쏠게!

对不起，周末我还得工作。这样吧，下次我来做东！
Duìbuqǐ, zhōumò wǒ hái děi gōngzuò. Zhèyàng ba, xià cì wǒ lái zuòdōng!

B 넌 왜 갑자기 일벌레로 변했어? 너무 목숨 걸고 하지 마!

你怎么突然变成工作狂了呢？你别太玩儿命了！
Nǐ zěnme tūrán biànchéng gōngzuò kuáng le ne? Nǐ bié tài wánrmìng le!

건강이 최고지, 다른 건 다 뜬구름이야!

健康第一，其他的都是浮云！
Jiànkāng dì yī, qítā de dōu shì fúyún!

做东 zuòdōng 동 주인 노릇 하다, 한턱내다 ｜ 浮云 fúyún 명 뜬구름, 덧없는 것

48

☆ **酒后吐真言** jiǔ hòu tǔ zhēn yán 취중진담, 술 마시고 진심을 말하다

我打心眼儿里喜欢他。 난 진심으로 그를 좋아한다.
Wǒ dǎ xīnyǎnr li xǐhuan tā.

☆ **我来做东！** Wǒ lái zuòdōng! 내가 한턱낼게!

今天我做东，谁也别抢！ 오늘 내가 쏠 테니까 아무도 돈 내지 마!
Jīntiān wǒ zuòdōng, shéi yě bié qiǎng!

☆ **别太玩儿命了** bié tài wánrmìng le 너무 목숨 걸고 하지 마

脚踏实地地工作 jiǎotà shídì de gōngzuò 착실하게 일을 하다

你还是悠着点儿吧。 넌 좀 쉬어 가면서 해라.
Nǐ háishi yōuzhe diǎnr ba.

No 14. 呗 bei

1 어기조사 **~하면 되지 뭐**

> 开除他**呗** 걔 잘라버리면 되지 뭐 [시원한 해결책]

A 걔 잘라버리면 되지 뭐! 일단 걔 업무 능력을 말하지 않더라도, 걔는 성격이 너무 괴팍해.

开除他**呗**！撇开他的业务能力不说，他的性格太孤僻了。
Kāichú tā bei! Piēkāi tā de yèwù nénglì bù shuō, tā de xìnggé tài gūpì le.

걸핏하면 일부러 내 말에 토를 달고 말야.

动不动就故意☆跟我唱反调。
Dòngbudòng jiù gùyì gēn wǒ chàng fǎndiào.

B 절대 감정적으로 처리하지 말고, 신중하게 생각해 봐!

你可别☆意气用事了，还是慎重考虑吧！
Nǐ kě bié yìqì yòngshì le, háishi shènzhòng kǎolǜ ba!

WORDS

撇开 piēkāi 동 버려두다 | 孤僻 gūpì 형 괴팍하다 | 唱反调 chàng fǎndiào 반대로 나가다 | 慎重 shènzhòng 형 신중하다

표현 PLUS+

+ ……就行了**呗** … jiù xíng le bei / ……就得了**呗** … jiù dé le bei ~하면 되잖아! [회화체]

+ 开除他就行了**呗**(得了**呗**)。 걔를 잘라버리면 되잖아.
　　Kāichú tā jiù xíng le bei(dé le bei).

2 어기조사 **~한가 보지 뭐**

> 她不乐意呗 하기 싫은가 보지 뭐 [농담스러운 추측]

A 내가 여친에게 일자리를 소개해 줬어, 멀리 봤을 때 발전 가능성이 있는 일자리거든.

我给女朋友介绍了一份工作，从长远的观点来看，这是一份很有前途的工作。
Wǒ gěi nǚ péngyou jièshào le yí fèn gōngzuò, cóng chángyuǎn de guāndiǎn lái kàn, zhè shì yí fèn hěn yǒu qiántú de gōngzuò.

근데 여친의 반응이 어땠는지 알아?

不过，你猜，女朋友的反应如何？
Búguò, nǐ cāi, nǚ péngyou de fǎnyìng rúhé?

뜻밖에도 갑자기 나에게 정색을 하는 거야, 걔는 도대체 왜 그러는 거야?

没想到她突然就跟我翻脸了，她到底为什么这样呀？
Méi xiǎngdào tā tūrán jiù gēn wǒ fānliǎn le, tā dàodǐ wèishénme zhèyàng ya?

B 일하기 싫은가 보지 뭐!

她不乐意工作呗！
Tā bú lèyì gōngzuò bei!

WORDS

前途 qiántú 명 전망, 앞길 ｜ 乐意 lèyì 동 ~하기 원하다

☆ 회화의 高手

☆ **跟我唱反调** gēn wǒ chàng fǎndiào 나와 반대로 나가다

他总是和我对着干。 걔는 항상 나에게 맞선다.
Tā zǒngshì hé wǒ duìzhe gàn.

☆ **意气用事** yìqì yòngshì 감정적으로 일 처리를 하다

= 感情用事 gǎnqíng yòngshì

☆ **从长远的观点来看** cóng chángyuǎn de guāndiǎn lái kàn 먼 관점에서 보면

从不同的角度来看 cóng bù tóng de jiǎodù lái kàn 다른 각도로 봤을 때

☆ **有前途** yǒu qiántú 전망이 있다

前途光明 qiántú guāngmíng 전도가 밝다

发展前景无量 fāzhǎn qiánjǐng wúliàng 발전 가능성이 크다

1 [동사] 따르다, 쏟다

> ❶ 倒杯水 물 한 잔 따르다 ❷ 倒垃圾 쓰레기를 쏟다

A 광일아! 내가 보니 할 일도 없어 보이는데 가서 물 한 잔만 떠와라, 그리고 가서 쓰레기 좀 버려.

光一！我看你闲着没事干，去给我倒杯水，然后去倒垃圾。

Guāngyī! Wǒ kàn nǐ xiánzhe méi shì gàn, qù gěi wǒ dào bēi shuǐ, ránhòu qù dào lājī.

B 사장님! 제가 오랫동안 못 드린 말씀이 있는데요, 말씀드리는 게 맞는지 잘 모르겠습니다.

老板！有些话我憋了很久了，也不知道该不该讲。

Lǎobǎn! Yǒuxiē huà wǒ biēle hěn jiǔ le, yě bù zhīdào gāi bu gāi jiǎng.

근데 오늘은 도저히 못 참겠네요, 그런 일들은 제가 할 일이 아니거든요.

不过，今天我实在忍不住了，那些活并不是我分内之事。

Búguò, jīntiān wǒ shízài rěn bu zhù le, nà xiē huó bìng bú shì wǒ fènnèi zhī shì.

WORDS

闲着 xiánzhe 빈둥거리고 있다 ｜ 憋 biē [동] 참다, 견디다 ｜ 实在 shízài [부] 도저히, 참으로 ｜ 分内之事 fènnèi zhī shì 본분에 속하는 일, 의무

2 [부사] 오히려

> 那倒没有 그런 건 아니에요 [강조의 말투]

A [전화 통화 중] 어제 나 어떻게 집에 온 거야? 필름이 끊겨서 아무것도 기억이 안 나.

昨天我是怎么回家的呀？喝断片了，什么都不记得了。

Zuótiān wǒ shì zěnme huíjiā de ya? Hē duànpiàn le, shénme dōu bú jìde le.

我有没有在员工们面前又出丑了呀?
Wǒ yǒu méiyǒu zài yuángōngmen miànqián yòu chūchǒu le ya?

B 그런 건 아니고요, 단지 사장님께서 여직원 한 명을 아무 이유 없이 욕해서 울리셨어요.

那倒没有！就是您平白无故地把一个女员工骂哭了。
Nà dào méiyǒu! Jiùshì nín píngbái wúgù de bǎ yí ge nǚ yuángōng màkū le.

근데 제가 봤을 땐 지난 번에 비하면 굉장히 정상적이셨어요.

不过，在我看来，跟上一次相比，您正常多了。
Búguò, zài wǒ kànlái, gēn shàng yí cì xiāngbǐ, nín zhèngcháng duō le.

WORDS

出丑 chūchǒu 동 추태를 부리다 | 平白无故 píngbái wúgù 까닭 없이, 이유 없이

표현 PLUS+

+ **那倒不是** nà dào bú shì 그건 아니야
+ **那倒谈不上** nà dào tán bu shàng 그렇다고까지 말할 수는 없어
+ **那倒也是** nà dào yě shì 그렇기는 하네

☆ 회화의 高手

☆ **闲着没事干** xiánzhe méi shì gàn 할 일 없이 여유롭다

时间很宽裕 shíjiān hěn kuānyù 시간이 널널하다

☆ **有些话憋了很久了** yǒuxiē huà biēle hěn jiǔ le 오랫동안 못한 말이 있다

恕我直言。 (부디) 제 직언을 양해해 주세요.
Shù wǒ zhíyán.

☆ **实在忍不住了** shízài rěn bu zhù le 도저히 못 참겠다

我真是受够了！ 더 이상은 참을 수 없어!
Wǒ zhēnshi shòu gòu le!

☆ **不是我分内之事** bú shì wǒ fènnèi zhī shì 제 업무가 아닙니다

这不在我工作范畴之内。 이 일은 내 업무 범위가 아닙니다.
Zhè bú zài wǒ gōngzuò fànchóu zhī nèi.

☆ **喝断片了** hē duànpiàn le 술 마시고 필름이 끊어졌다

撒酒疯 sā jiǔfēng 술주정 부리다

No 16.　以 yǐ

1　　개사　~로

> **以**我的经验**来看**　내 경험으로 봤을 때

A 친구야! 내가 조언 좀 해줄게! 내 경험으로 봤을 때 네 아이템은 현실적으로 볼가능해.

哥们儿！我*奉劝一句，以我的经验来看，你的项目不切实际啊。
Gēmenr! Wǒ fèngquàn yí jù, yǐ wǒ de jīngyàn lái kàn, nǐ de xiàngmù bú qiè shíjì a.

B 뭐가 현실적으로 볼가능하다는거지? 전문가들 생각은 너랑 완전히 반대야!

什么叫不切实际啊？专家们的高见跟你*恰恰相反！
Shénme jiào bú qiè shíjì a? Zhuānjiāmen de gāojiàn gēn nǐ qiàqià xiāngfǎn!

이 아이템이 돈 엄청 벌어다 줄 거라는데, 당연히 해야지 왜 안 하겠어?

他们说这个项目会让我赚到好多钱，何乐而不为呢？
Tāmen shuō zhège xiàngmù huì ràng wǒ zhuàndào hǎoduō qián, hé lè ér bù wéi ne?

WORDS

奉劝 fèngquàn 동 충고합니다 ｜ 不切实际 bú qiè shíjì 현실에 부합되지 않다 ｜ 高见 gāojiàn 명 고견 ｜ 恰恰 qiàqià 부 바로, 마침 ｜ 何乐而不为 hé lè ér bù wéi 왜 하려하지 않겠는가?

2　개사　~로써

> **以**自我**为**中心的态度　자신으로써 중심을 삼는 태도 [자기중심적 태도]

A 넌 그 사람에게 좀 잘해줘! 넌 왜 그렇게 그 사람을 따돌리고 그래?

你还是对她好点儿吧！你干嘛那么排斥她呀？
Nǐ háishi duì tā hǎo diǎnr ba! Nǐ gàn ma nàme páichì tā ya?

B 난 정말 그 사람 맘에 안 들어! 특히 자기 중심적인 태도, 도저히 못 봐주겠어.

我确实看她不顺眼，尤其是她那以自我为中心的性格，我实在看不下去了。
Wǒ quèshí kàn tā bú shùnyǎn, yóuqí shì tā nà yǐ zìwǒ wéi zhōngxīn de xìnggé, wǒ shízài kàn bu xiàqu le.

排斥 páichì 동 배격하다, 배척하다 | 确实 quèshí 형 확실하다 부 확실히

+ **以工作为主** yǐ gōngzuò wéi zhǔ 일을 위주로
+ **以身体不健康为由** yǐ shēntǐ bú jiànkāng wéi yóu 건강이 안 좋다는 이유로
+ **以韩国为例** yǐ Hánguó wéi lì 한국을 예로 들면
+ **以茶代酒** yǐ chá dài jiǔ 차로 술을 대신하다

3 접속사 ~하도록, ~하기 위하여

你必须得深思熟虑，以免发生什么意外
문제가 발생하는 것을 피하도록 넌 심사숙고해야 해

A 나 집 팔아서 어떤 사업에 투자하려고!

我打算把房子卖出去投资一个项目。
Wǒ dǎsuàn bǎ fángzi mài chūqu tóuzī yí ge xiàngmù.

무조건 돈을 버는 사업이라는데 어떻게 참여를 안 하겠어?

听说是个稳赚不赔的项目，我怎么能不参与呢?
Tīngshuō shì ge wěn zhuàn bù péi de xiàngmù, wǒ zěnme néng bù cānyù ne?

B 문제가 발생하지 않도록 심사숙고해야 해! 이건 네 전 재산이잖아.

你必须得深思熟虑，以免发生什么意外，这可是你的全部家产。
Nǐ bìxū děi shēnsī shú lǜ, yǐmiǎn fāshēng shénme yìwài, zhè kěshì nǐ de quánbù jiāchǎn.

稳赚不赔 wěn zhuàn bù péi 안정적으로 돈을 번다 | 深思熟虑 shēnsī shú lǜ 심사숙고하다

✩ **奉劝一句** fèngquàn yí jù 조언 좀 하다

恕我直言。 (부디) 저의 직언을 양해해 주세요.
Shù wǒ zhíyán.

✩ **恰恰相反** qiàqià xiāngfǎn 완전히 반대다

我们的性格迥然不同。 우리 둘 성격은 완전히 다르다.
Wǒmen de xìnggé jiǒngrán bù tóng.

他们俩的想法截然不同。 그들 둘의 생각은 완전히 다르다.
Tāmen liǎ de xiǎngfǎ jiérán bù tóng.

✩ **看她不顺眼** kàn tā bú shùnyǎn 그녀가 마음에 들지 않는다

我对她有意见。 나는 그녀에게 불만이 있다.
Wǒ duì tā yǒu yìjiàn.

✩ **深思熟虑** shēnsī shú lǜ 심사숙고하다

考虑再三 kǎolǜ zàisān 재삼 고려하다

1 [부사] 헛되게

白白浪费了一年的时间　꼬박 1년이라는 시간을 헛되게 낭비했어

A 너 요즘 밤낮 없이 연구에만 몰두하는 거 같던데 그 프로젝트 아직 결과가 없어?

我看你最近*没日没夜*地埋头于研究，那项目还没做出结果吗？

Wǒ kàn nǐ zuìjìn méirì méiyè de máitóu yú yánjiū, nà xiàngmù hái méi zuòchū jiéguǒ ma?

B 네가 연구 이야기하니까 화가 치밀어 오르네. 그 프로젝트 실패했어.

你一提研究这事我就来气，那项目*以失败告终了*，

Nǐ yì tí yánjiū zhè shì wǒ jiù lái qì, nà xiàngmù yǐ shībài gàozhōng le,

난 꼬박 1년을 헛되게 낭비했다고! 난 지금 죽고 싶은 심정이야.

我白白浪费了一年的时间，我现在连想死的心都有了。

wǒ báibái làngfèi le yì nián de shíjiān, wǒ xiànzài lián xiǎng sǐ de xīn dōu yǒu le.

WORDS

埋头 máitóu [통] 몰두하다, 집중하다 ｜ 来气 lái qì 열 받다

표현 PLUS+

+ 白跑了一趟 bái pǎole yí tàng 쓸데없이 한 번 다녀왔다
+ 我真没白养你。 내가 널 괜히 키운게 아니구나(보람있다).
  Wǒ zhēn méi bái yǎng nǐ.
+ 这几年我真白学了。 요 몇 년 동안 난 정말 괜히 공부했어.
  Zhè jǐ nián wǒ zhēn bái xué le.

2 형용사 **명백하다**

再说白一点儿 　조금 더 솔직히 말하자면

A　나는 미력한 힘이라도 걔를 도와주려고 한 건데, 걔는 오히려 화를 내는 거야, 어떻게 이럴 수 있어?

我就想助他一臂之力，但他居然对我生气，岂有此理？
Wǒ jiù xiǎng zhù tā yíbì zhīlì, dàn tā jūrán duì wǒ shēngqì, qǐyǒucǐlǐ?

B　내가 조금 더 솔직히 말할 게, 내가 볼 때 네 행동은 도움이 아니라 돈 자랑하는 거 같았어.

我再说白一点儿吧，我看你的行为不是帮助而是炫富。
Wǒ zài shuō bái yìdiǎnr ba, wǒ kàn nǐ de xíngwéi bú shì bāngzhù ér shì xuànfù.

WORDS

岂有此理 qǐyǒucǐlǐ 성 어찌 이럴 수 있는가? ｜ 炫富 xuànfù 동 부를 과시하다

3 부사 **공짜로, 무료로**

天天在我家白吃白住 　매일 우리집에서 거저 먹고 거저 산다

A　내가 왜 이런 일을 해야 해? 내가 네 시중을 들 의무는 없는 거 같은데!

我凭什么干这种活？我觉得我没有伺候你的义务吧！
Wǒ píng shénme gàn zhè zhǒng huó? Wǒ juéde wǒ méiyǒu cìhou nǐ de yìwù ba!

B　넌 단어 선택이 잘못 됐어, 이건 시중드는 게 아니라 은혜를 갚는 거지 알겠냐?

你用词不当啊，这不是"伺候"，而是"报恩"，知道吗？
Nǐ yòng cí búdàng a, zhè bú shì "cìhou", ér shì "bào'ēn", zhīdào ma?

넌 매일 우리집에서 거저 먹고 거저 사는데, 고작 이런 일도 하기 싫어?

你天天在我家白吃白住，这么点儿活儿都不肯做吗？
Nǐ tiāntiān zài wǒ jiā bái chī bái zhù, zhème diǎnr huór dōu bù kěn zuò ma?

WORDS

伺候 cìhou 동 시중들다, 돌보다 ｜ 不当 búdàng 형 적당하지 않다 ｜ 报恩 bào'ēn 동 은혜를 갚다

☆ **没日没夜** méirì méiyè 밤낮 없이 (일하다)

起早贪黑 qǐzǎo tānhēi 늦게 자고 일찍 일어나다 (열심히 일하다)

早出晚归，拼命工作 이른 아침 나가 밤 늦게 돌아오며, 목숨 걸고 일하다
zǎochū wǎnguī, pīnmìng gōngzuò

☆ **以失败告终了** yǐ shībài gàozhōng le 실패로 끝나다

↔ 取得了圆满成功 qǔdé le yuánmǎn chénggōng 원만한 성공을 거두다

☆ **助他一臂之力** zhù tā yíbì zhīlì 미력한 힘이라도 돕다

搭把手 dā bǎ shǒu (일손을) 거들다, 돕다

☆ **用词不当** yòng cí búdàng 단어 사용이 적절치 않다

口误了 kǒuwù le 말 실수를 했다

No 18. 把 bǎ

1 [양사] 한 줌, 한 움큼

我替你捏了一把汗 나는 너 때문에 손에 땀을 쥐었어

A 아…… 어제 정말 긴장돼서 죽을 뻔했어! 무대에 올라갔는데 갑자기 아무 생각이 안 나는 거야.

啊……昨天我真的紧张死了，一上台脑子突然就一片空白了。
Ā … zuótiān wǒ zhēnde jǐnzhāng sǐ le, yí shàngtái nǎozi tūrán jiù yí piàn kòngbái le.

B 그래! 널 딱 보니까 긴장한 거 알겠더라고, 나도 너 때문에 손에 땀을 쥐었어.

对啊！我一看就知道你在紧张，我都替你捏了一把汗。
Duì a! Wǒ yí kàn jiù zhīdào nǐ zài jǐnzhāng, wǒ dōu tì nǐ niēle yì bǎ hàn.

그래도 네가 나중에 정상으로 돌아와서 다행이야.

还好后来你恢复正常了。
Hái hǎo hòulái nǐ huīfù zhèngcháng le.

WORDS

一片空白 yí piàn kòngbái 아무것도 생각나지 않다 | 捏 niē [동] (손으로) 쥐다

표현 PLUS+

+ 大把大把地花钱 dà bǎ dà bǎ de huā qián 펑펑 돈을 쓰다

2 [개사] ~을/를

你到底把我当什么呀? 너 도대체 나를 뭘로 보는 거야?

A 어제 네 여친 엄청 울던데, 너 설마 또 바람피웠냐?

昨天看你的女朋友哭得稀里哗啦的，你该不会又劈腿了吧？
Zuótiān kàn nǐ de nǚ péngyou kū de xīlihuālā de, nǐ gāi bú huì yòu pǐtuǐ le ba?

60

B 너 도대체 나를 뭘로 보는 거야?

你到底把我当什么呀？

Nǐ dàodǐ bǎ wǒ dàng shénme ya?

우리는 성격이 도저히 안 맞아서 내가 헤어지자고 했어, 근데 걔는 헤어지는 건 절대 반대라고 하잖아.

我们俩实在合不来，所以我才跟她提出分手的，可是她说☆坚决反对分手。

Wǒmen liǎ shízài hé bu lái, suǒyǐ wǒ cái gēn tā tíchū fēnshǒu de, kěshì tā shuō jiānjué fǎnduì fēnshǒu.

稀里哗啦 xīlihuālā 의성 슬프게 우는 모습을 형용 | 劈腿 pǐtuǐ 동 여러 명과 동시에 연애하다 | 当 dàng 동 여기다 | 合不来 hé bu lái 마음이 맞지 않다

표현 PLUS+

+ **她把我当空气。** 그녀는 나를 공기로 여긴다(무시한다).
  Tā bǎ wǒ dàng kōngqì.

+ **把人民币换成韩币吧。** 인민폐를 한화로 바꿔주세요.
  Bǎ Rénmínbì huànchéng Hánbì ba.

3 개사 ~을/를

他把工作放在第一位 그는 일을 제일 중요하게 생각한다

A 말도 마! 나는 걔랑 여러 문제에서 생각이 통하질 않아.

甭提了！我跟他在好多问题上☆想不到一块儿去，

Béng tí le! Wǒ gēn tā zài hǎoduō wèntí shàng xiǎng bu dào yíkuàir qù,

이뿐만 아니라 걔는 항상 일이 우선이고 다른 건 관심도 없어.

☆不仅如此，他总是把工作放在第一位，其他的都不管。

bùjǐn rúcǐ, tā zǒngshì bǎ gōngzuò fàng zài dì yī wèi, qítā de dōu bù guǎn.

B 일단, 넌 다른 사람이랑 의견 차이가 있으면, 다른 사람의 생각을 존중할 줄 알아야 해!

首先，你要是跟别人有分歧的时候，应该懂得尊重别人的想法！

Shǒuxiān, nǐ yàoshi gēn biérén yǒu fēnqí de shíhou, yīnggāi dǒngde zūnzhòng biérén de xiǎngfǎ!

然后，至于工作呢，找点儿时间，你跟他心平气和地进行沟通吧。

Ránhòu, zhìyú gōngzuò ne, zhǎo diǎnr shíjiān, nǐ gēn tā xīnpíng qìhé de jìnxíng gōutōng ba.

WORDS

如此 rúcǐ 대 이와 같다, 이러하다 | 分歧 fēnqí 명 (의견) 불일치 | 至于 zhìyú 개 ~에 관해서는 | 心平气和 xīnpíng qìhé 성 차분하고 온화하다

표현 PLUS+

+ **把**钱看得太重了 bǎ qián kàn de tài zhòng le 돈을 너무 중요시 여기다

+ 她不**把**我放在眼里。 그녀는 나를 안중에 두지 않아(무시해).
  Tā bù bǎ wǒ fàng zài yǎn li.

☆ **회화의 高手**

☆ **一看就知道** yí kàn jiù zhīdào 한눈에 보고 알다

看一眼就知道 kàn yì yǎn jiù zhīdào 보자마자 알아보다

☆ **坚决反对** jiānjué fǎnduì 결사적으로 반대하다

强烈反对 qiángliè fǎnduì 강하게 반대하다

打死我也反对！ 때려 죽여도 나는 반대야!
Dǎsǐ wǒ yě fǎnduì!

☆ **想不到一块儿去** xiǎng bu dào yíkuàir qù 생각이 안 통하다

我们终于想到一块儿去了。 우리 드디어 생각이 통했네.
Wǒmen zhōngyú xiǎngdào yíkuàir qù le.

☆ **不仅如此** bùjǐn rúcǐ 이뿐만이 아니다

虽然如此，我还是喜欢她。 비록 이와 같지만, 나는 그녀를 여전히 사랑한다.
Suīrán rúcǐ, wǒ háishi xǐhuan tā.

既然如此，我们放弃吧。 기왕에 이렇게 됐으니, 우리 포기하자.
Jìrán rúcǐ, wǒmen fàngqì ba.

No 19. 成 chéng

1 동사 성사되다

> **你们俩如果成了**　너희 둘이 만약 잘되면[성사되면]

A 남친이랑 같이 간다고? 언니 나에게 이러지 마! 엄마가 알면 내가 뭐라고 말을 해?

你跟男朋友一块儿去？姐姐你别害我，让妈妈知道了，我怎么跟妈妈交代呀？

Nǐ gēn nán péngyou yíkuàir qù? Jiějie nǐ bié hài wǒ, ràng māma zhīdào le, wǒ zěnme gēn māma jiāodài ya?

B 걱정 마! 엄마가 우리 둘 연결해 준 거야, 게다가 엄마 꿈이 날 부잣집에 시집보내는 거잖아.

别担心！是妈妈撮合我们的，再说，妈妈的梦想是让我嫁入豪门。

Bié dānxīn! Shì māma cuōhe wǒmen de, zài shuō, māma de mèngxiǎng shì ràng wǒ jià rù háomén.

그거 알아? 엄마는 나에게 항상 "넌 걔랑 잘되면 평생 편하게 살 수 있어"라고 말했어.

你知道吗？妈妈一直跟我念叨说："你如果跟他成了，你一辈子都不用愁了。"

Nǐ zhīdào ma? Māma yìzhí gēn wǒ niàndao shuō: "nǐ rúguǒ gēn tā chéng le, nǐ yíbèizi dōu búyòng chóu le."

WORDS

交代 jiāodài 동 (상황을) 설명하다 | 撮合 cuōhe 동 관계를 맺어주다 | 嫁入豪门 jià rù háomén 부잣집에 시집가다

2 보어 ~(으)로

> **你怎么把事情搞成这样呢？**　넌 어떻게 일을 이 지경으로 처리한 거야?

A 내가 그렇게 널 신뢰했는데, 넌 어떻게 일을 이 지경으로 처리한 거야?

我那么信任你，你怎么把事情搞成这样呢？

Wǒ nàme xìnrèn nǐ, nǐ zěnme bǎ shìqing gǎochéng zhèyàng ne?

你告诉我，这烂摊子到底让谁收拾呢？
Nǐ gàosu wǒ, zhè làntānzi dàodǐ ràng shéi shōushi ne?

B 사장님 죄송합니다. 제가 그때 정말 생각이 짧았습니다.

对不起，老板！我当时确实 ☆欠考虑了。
Duìbuqǐ, lǎobǎn! Wǒ dāngshí quèshí qiàn kǎolù le.

너그러이 봐주시고 다시 한 번만 기회를 주세요.

☆请您高抬贵手，再给我一次机会。
Qǐng nín gāotái guìshǒu, zài gěi wǒ yí cì jīhuì.

烂摊子 làntānzi 명 수습하기 어려운 상황 | 高抬贵手 gāotái guìshǒu 관대히 봐주다

표현 PLUS+

+ **你怎么累成这样？**　넌 어떻게 이 지경으로 피곤해하냐?
Nǐ zěnme lèichéng zhèyàng?

+ **她怎么哭成那样？**　쟤는 어떻게 저 지경으로 우냐?
Tā zěnme kūchéng nàyàng?

+ **他怎么变成这样的人呢？**　걔는 어떻게 이런 사람으로 변했냐?
Tā zěnme biànchéng zhèyàng de rén ne?

☆ 회화의 高手

☆ **我怎么跟妈妈交代呀？**　Wǒ zěnme gēn māma jiāodài ya?　나는 엄마에게 뭐라고 해?
我没法儿跟他说。　Wǒ méifǎr gēn tā shuō.　그에게 말을 못 하겠어.

☆ **撮合我们** cuōhe wǒmen　우리를 (잘되도록) 맺어주다
↔ **拆散我们** chāisàn wǒmen　우리를 갈라 놓다

☆ **欠考虑了** qiàn kǎolù le　생각이 짧았다
想得不够周到 xiǎng de búgòu zhōudào　생각이 꼼꼼하지 못하다
↔ **考虑得很周全** kǎolù de hěn zhōuquán　생각이 매우 빈틈없다

☆ **请您高抬贵手** qǐng nín gāotái guìshǒu　너그러이 봐주세요.
您大人大量，请您原谅我一下。　부디 넓으신 아량으로 저를 용서해 주세요.
Nín dàrén dàliàng, qǐng nín yuánliàng wǒ yíxià.

No 20.　当 dāng/dàng

1　동사 **대면하다**

有些话要当面说清楚　어떤 말은 얼굴을 보고 정확히 말해야 해

A 피하기만 하는 건 방법이 아니야, 어떤 말은 얼굴을 보고 확실히 말하는 게 좋아.

总躲避[☆]也不是个事儿，有些话呢，要当面说清楚才好。

Zǒng duǒbì yě bú shì ge shìr, yǒuxiē huà ne, yào dāngmiàn shuō qīngchu cái hǎo.

그래야만 너희 둘 사이의 모순들을 없앨 수 있다고.

这样才能化解你们俩之间的那些矛盾。

Zhèyàng cái néng huàjiě nǐmen liǎ zhījiān de nà xiē máodùn.

B 쟤는 그렇게 말도 안 되게 구는데 내가 어떻게 이야기를 하냐고, 어쩔 수 없이 피하는 거지 뭐!

他那么[☆]不讲道理，我怎么跟他谈呢？只能躲呗！

Tā nàme bù jiǎng dàolǐ, wǒ zěnme gēn tā tán ne? Zhǐ néng duǒ bei!

WORDS

躲避 duǒbì 동 피하다, 물러서다 ｜ 化解 huàjiě 동 없애다, 녹이다

표현 **PLUS+**

＋ 咱们明天当面聊吧。　우리 내일 얼굴 보고 이야기하자.
Zánmen míngtiān dāngmiàn liáo ba.

2 형용사 **적합하다**

不知当讲不当讲 말씀을 드리는 게 적합할지 아닐지 잘 모르겠네요

A 사장님, 이 말씀을 드려도 될지 잘 모르겠네요.

老板，有句话我不知当讲不当讲。
Lǎobǎn, yǒu jù huà wǒ bù zhī dāng jiǎng bù dāng jiǎng.

B 우리 사이에 무슨! 나는 너를 항상 친동생으로 생각하는데, 못할 말이 뭐 있어?

咱俩谁跟谁呀？我一直把你当成我亲弟弟，有什么不当讲的呀？
Zán liǎ shéi gēn shéi ya? Wǒ yìzhí bǎ nǐ dàngchéng wǒ qīn dìdi, yǒu shénme bù dāng jiǎng de ya?

3 동사 **(~라고) 간주하다**

把昨天的事当没发生过 어제 일을 없었던 것으로 간주하다

A 미안해, 어제 나 꼴불견이었지? 너에게 못 볼 꼴을 보였어.

对不起，昨天我出丑了吧？让你见笑了。
Duìbuqǐ, zuótiān wǒ chūchǒu le ba? Ràng nǐ jiànxiào le.

어제 일을 없었던 걸로 해줄 수 있겠어?

你能不能把昨天的事当没发生过？
Nǐ néng bu néng bǎ zuótiān de shì dàng méi fāshēng guo?

B 그건 아니지! 취.중.진.담!! 게다가 어제 네 행동은 내가 널 다시 보게 했어.

不行！酒后吐真言！再说，你的行动居然让我对你刮目相看了。
Bùxíng! Jiǔ hòu tǔ zhēn yán! Zài shuō, nǐ de xíngdòng jūrán ràng wǒ duì nǐ guāmù xiāngkàn le.

나는 네 여친이 되어주겠다고 말하려던 참인데…… 됐어, 그럼!

我正要跟你说，我可以做你的女朋友呢……算了吧！
Wǒ zhèng yào gēn nǐ shuō, wǒ kěyǐ zuò nǐ de nǚ péngyou ne … suàn le ba!

WORDS

酒后吐真言 jiǔ hòu tǔ zhēn yán 술 마시면 진심을 말하다, 취중진담 | 刮目相看 guāmù xiāngkàn 성 괄목상대하다,
눈을 비비고 다시 보다

+ **你当我没说吧。**　못 들은 걸로 해줘.
Nǐ dàng wǒ méi shuō ba.

☆ **……也不是个事儿** … yě bú shì ge shìr　~는 역시 좋은 방법이 아니다

这也不是长久之计。　이건 장기적인 방법이 아니다.
Zhè yě bú shì chángjiǔ zhī jì.

☆ **不讲道理** bù jiǎng dàolǐ　이치에 맞지 않는 행동을 하다

无理取闹 wúlǐ qǔnào　이유 없이 소란을 피우다

简直是不可理喻。　정말 말이 안 통하네.
Jiǎnzhí shì bùkě lǐyù.

☆ **咱俩谁跟谁呀？**　Zán liǎ shéi gēn shéi ya?　우리가 어떤 사이인데?

一家人不说两家话。　가족끼리는 남처럼 말하지 않는 거야.
Yì jiā rén bù shuō liǎng jiā huà.

☆ **让你见笑了。**　못 볼 꼴을 보였네. (창피해.)
Ràng nǐ jiànxiào le.

让你破费了。　돈 많이 나왔지? (고마워.)
Ràng nǐ pòfèi le.

让你久等了。　오래 기다렸지? (미안해.)
Ràng nǐ jiǔ děng le.

이것만은 꼭 기억하기!

No 11. 趁 chèn

① [개사] **~를 틈타서, ~를 빌어**
我想趁这个机会说两句 제가 이번 기회를 빌어 몇 마디 하죠

② [개사] **~를 틈타서, ~를 빌어**
趁热吃 따뜻할 때 먹어

No 12. 逗 dòu

① [형용사] **우습다**
你这个人太逗了 너 정말 웃긴다 [어이가 없음]

② [동사] **놀리다, 희롱하다**
你别逗了 너 까불지 마

③ [동사] **놀리다, 희롱하다**
我是逗你玩的 난 농담한 거야

No 13. 变 biàn

① [동사] **변하다**
他像变了一个人似的 걔는 딴사람으로 변한 거 같더라

② [동사] **~하게 변하다**
她变漂亮了，都认不出来了 그녀는 몰라보게 예뻐졌다(예쁘게 변하다)

③ [동사] **~로 변하다**
变成工作狂了 일벌레로 변했다

No 14. 呗 bei

① [어기조사] **~하면 되지 뭐**
开除他呗 걔 잘라버리면 되지 뭐 [시원한 해결책]

② [어기조사] **~한가 보지 뭐**
她不乐意呗 하기 싫은가 보지 뭐! [농담스러운 추측]

No 15. 倒 dào

❶ 동사 **따르다, 쏟다**

(1) 倒杯水 물 한 잔 따르다

(2) 倒垃圾 쓰레기를 쏟다

❷ 부사 **오히려**

那倒没有 그런 건 아니에요 [강조의 말투]

No 16. 以 yǐ

❶ 개사 **~로**

以我的经验来看 내 경험으로 봤을 때

❷ 개사 **~로써**

以自我为中心的态度 자신으로써 중심을 삼는 태도 [자기중심적 태도]

❸ 접속사 **~하도록, ~하기 위하여**

你必须得深思熟虑, 以免发生什么意外 문제가 발생하는 것을 피하도록 넌 심사숙고 해야 해

No 17. 白 bái

❶ 부사 **헛되게**

白白浪费了一年的时间 꼬박 1년이라는 시간을 헛되게 낭비했어

❷ 형용사 **명백하다**

再说白一点儿 조금 더 솔직히 말하자면

❸ 부사 **공짜로, 무료로**

天天在我家白吃白住 매일 우리집에서 거저 먹고 거저 산다

No 18. 把 bǎ

❶ 양사 **한 줌, 한 움큼**

我替你捏了一把汗 나는 너 때문에 손에 땀을 쥐었어

❷ 개사 **~을/를**

你到底把我当什么呀? 너 도대체 나를 뭘로 보는 거야?

❸ 개사 **~을/를**

他把工作放在第一位 그는 일을 제일 중요하게 생각한다

No 19. 成 chéng

❶ 동사 **성사되다**

你们俩如果成了 너희 둘이 만약 잘되면(성사되면)

❷ 보어 **~[으]로**

你怎么把事情搞成这样呢? 넌 어떻게 일을 이 지경으로 처리한 거야?

No 20. 当 dāng/dàng

❶ 동사 **대면하다**

有些话要当面说清楚 어떤 말은 얼굴을 보고 정확히 말해야 해

❷ 형용사 **적합하다**

不知当讲不当讲 말씀을 드리는 게 적합할지 아닐지 잘 모르겠네요

❸ 동사 **[~라고] 간주하다**

把昨天的事当没发生过 어제 일을 없었던 것으로 간주하다

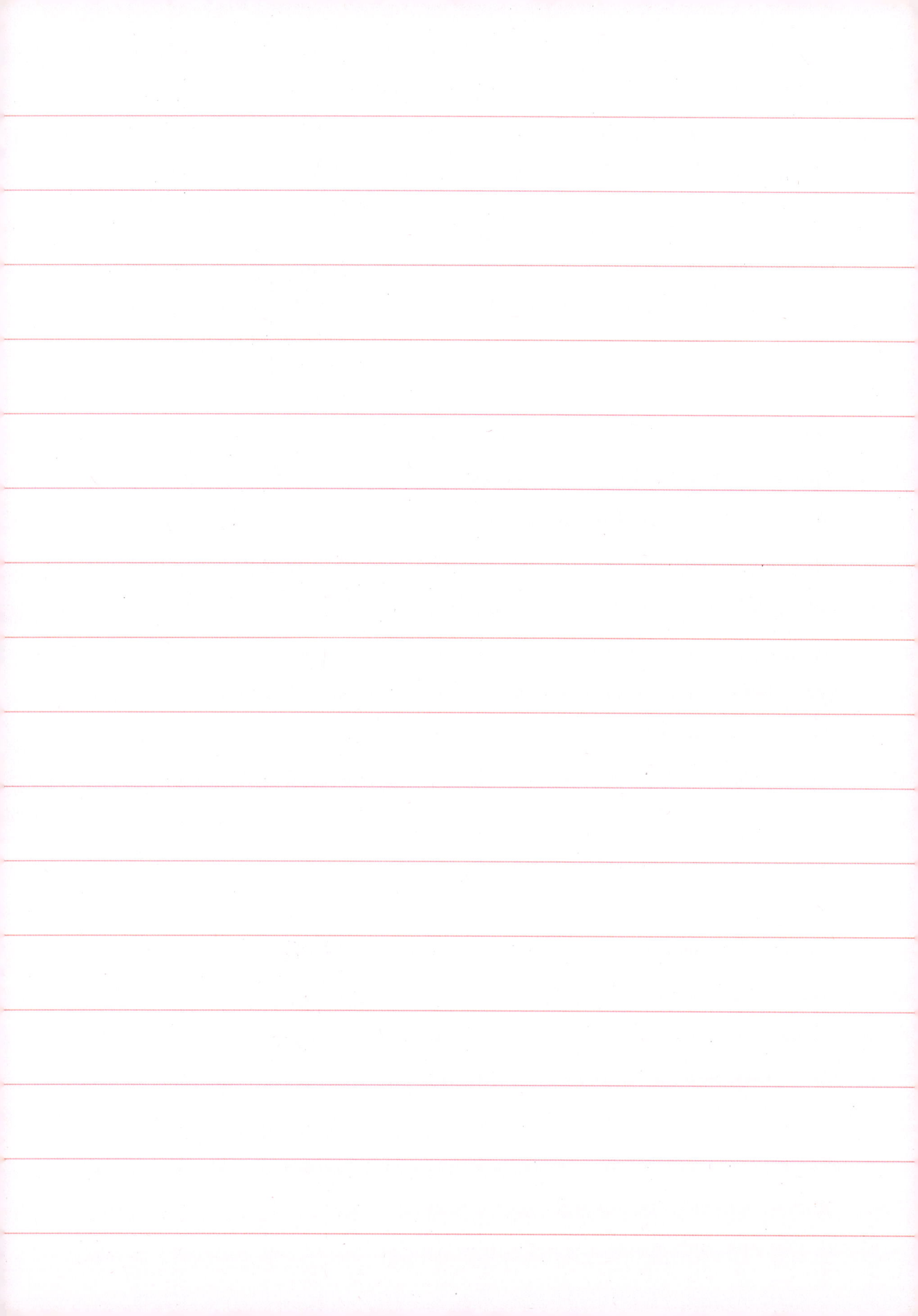

No 21. 总 zǒng

No 22. 约 yuē

No 23. 招 zhāo

No 24. 缺 quē

No 25. 闹 nào

No 26. 由 yóu

No 27. 管 guǎn

No 28. 冲 chōng/chòng

No 29. 逼 bī

No 30. 顾 gù

No 21. 总 zǒng

1 [부사] 늘, 항상

他总是这样把好心当成驴肝肺　걔는 항상 이렇게 남의 호의를 개떡으로 알아

A 걔는 항상 이렇게 남의 호의를 개떡으로 알아, 좋은 맘으로 여친을 소개했더니.

他总是这样把好心当成驴肝肺，我好心给他介绍女朋友。
Tā zǒngshì zhèyàng bǎ hǎoxīn dàngchéng lǘgānfèi, wǒ hǎoxīn gěi tā jièshào nǚ péngyou.

B 내가 너에게 뭐라고 하는 게 아니라(답답한 놈아), 너 걔 눈이 얼마나 높은지 몰라?

我不是说你！你不知道人家眼光多高啊？
Wǒ bú shì shuō nǐ! Nǐ bù zhīdào rénjiā yǎnguāng duō gāo a?

너는 괜히 남의 일에 참견 안 하는 게 좋아.

你还是别多管闲事了。
Nǐ háishi bié duō guǎn xiánshì le.

WORDS

驴肝肺 lǘgānfèi [명] 나쁜 마음 | 多管闲事 duō guǎn xiánshì 필요 없는 참견을 하다

2 [부사] 어쨌든(최소한)

你总得告诉我理由吧　너는 어쨌든(최소한) 이유는 말해줘야지

A 너는 어쨌든 이유는 말해줘야지, 아무 이유 없이 헤어지자고 하면 나는 어떻게 해?

你总得告诉我理由吧，你平白无故地跟我说要分手，我该怎么办？
Nǐ zǒng děi gàosu wǒ lǐyóu ba, nǐ píngbái wúgù de gēn wǒ shuō yào fēnshǒu, wǒ gāi zěnme bàn?

B 알면서 모르는 척하시겠다? 네가 한 그 짓들을 내가 모를 거라고 생각하지 마!

你要[☆]揣着明白装糊涂，是吗？你干的那些破事，你别以为我不知道！

Nǐ yào chuāizhe míngbai zhuāng hútu, shì ma? Nǐ gàn de nàxiē pò shì, nǐ bié yǐwéi wǒ bù zhīdào!

平白无故 píngbái wúgù 아무 이유 없이 | 破事 pò shì 사소한 일

+ **你总得跟我道歉吧。**　넌 최소한 나에게 사과는 해야지.
  Nǐ zǒng děi gēn wǒ dàoqiàn ba.

3 　부사　어쨌든

说总比不说强吧　말하는 게 어쨌든 안 하는 것보다는 낫겠지

A 내 아내는 정말 너무 강해! 만약에 뭔가 자기 맘에 안 들면 나한테 책임을 돌려.

我老婆她太强势了，如果有什么事不合她意，她就[☆]赖到我头上。

Wǒ lǎopo tā tài qiángshì le, rúguǒ yǒu shénme shì bù hé tā yì, tā jiù làidào wǒ tóu shàng.

이 말은 나 정말 오랫동안 참고 있었거든, 근데 말을 해야 할지 잘 모르겠어.

这句话，我憋了很久了，不过我也不知道要不要跟她说。

Zhè jù huà, wǒ biēle hěn jiǔ le, búguò wǒ yě bù zhīdào yào bu yào gēn tā shuō.

B 말하는 게 어쨌든 안 하는 것보다는 낫겠지, 시간 내서 마음을 열고 이야기를 좀 해봐!

说总比不说强吧，抽出时间，你[☆]敞开心扉跟她好好儿聊吧。

Shuō zǒng bǐ bù shuō qiáng ba, chōuchū shíjiān, nǐ chǎngkāi xīnfēi gēn tā hǎohāor liáo ba.

强势 qiángshì 명 강한 세력 형 강하다 | 合意 héyì 형 마음에 맞다 | 赖 lài 동 탓하다 | 憋 biē 동 참다 | 敞开 chǎngkāi
동 활짝 열다

+ **有总比没有好吧。**　어쨌든 있는 게 없는 것보다는 낫다.
  Yǒu zǒng bǐ méiyǒu hǎo ba.

+ **跟我一起去总比你一个人去强吧。**　나랑 같이 가는 게 어쨌든 너 혼자 가는 것보다는 낫지.
  Gēn wǒ yìqǐ qù zǒng bǐ nǐ yí ge rén qù qiáng ba.

☆ **好心当成驴肝肺** hǎoxīn dàngchéng lǘgānfèi 호의를 악의로 여기다

她不领情 tā bù lǐngqíng 그녀는 호의를 고맙게 받지 않는다

☆ **我不是说你** wǒ bú shì shuō nǐ 내가 너에게 뭐라고 하는 게 아니라[답답함]

你叫我怎么说你好呢。 넌 정말 답이 없구나.
Nǐ jiào wǒ zěnme shuō nǐ hǎo ne.

☆ **揣着明白装糊涂** chuāizhe míngbai zhuāng hútu 알면서 모르는 척하다

你真不懂还是假不懂? 넌 정말 몰라서 그러는 거야 아니면 모르는 척을 하는 거야?
Nǐ zhēn bù dǒng háishi jiǎ bù dǒng?

☆ **赖到我头上** làidào wǒ tóu shàng 내 탓을 하다

把责任揽到自己身上 bǎ zérèn lǎndào zìjǐ shēnshang 책임을 스스로 떠맡다

都赖你! 다 너 때문이야!
Dōu lài nǐ!

别把责任推到我身上。 책임을 나에게 미루지 마.
Bié bǎ zérèn tuīdào wǒ shēnshang.

☆ **敞开心扉** chǎngkāi xīnfēi 마음을 활짝 열다

打开心结 dǎkāi xīnjié 마음의 응어리를 풀다

74

No 22. 约 yuē

1 동사 약속하다

> 我想约他一起看部电影 나는 그와 함께 영화를 보고 싶어

A 얼른 그에게 연락해서 나오라고 해, 나는 그와 함께 영화를 보고 싶다고!

你赶紧联系他，把他叫出来，我想约他一起看部电影！
Nǐ gǎnjǐn liánxì tā, bǎ tā jiào chūlai, wǒ xiǎng yuē tā yìqǐ kàn bù diànyǐng!

B 무슨 소리야? 어제까지만 해도 네 스타일 절대 아니라며? 이랬다저랬다 하지 마.

什么意思？你昨天还说他并不是你的菜，你可别出尔反尔。
Shénme yìsi? Nǐ zuótiān hái shuō tā bìng bú shì nǐ de cài, nǐ kě bié chū'ěr fǎn'ěr.

확실히 좀 말해봐, 너 그 사람에게 관심있지?

你给个痛快话，你对他有意思吧？
Nǐ gěi ge tòngkuài huà, nǐ duì tā yǒu yìsi ba?

WORDS

出尔反尔 chū'ěr fǎn'ěr 성 이랬다저랬다 하다

2 동사 약속하다

> 我已经跟朋友约好了一起看电影 난 이미 친구랑 영화 보기로 약속했어

A 만약에 너 오늘 다른 식사 약속 없으면, 나랑 같이 밥 먹을래? 내가 살게!

如果你今天没有别的饭局，要不要跟我一块儿吃饭，我做东！
Rúguǒ nǐ jīntiān méiyǒu bié de fànjú, yào bu yào gēn wǒ yíkuàir chīfàn, wǒ zuòdōng!

이건 자주 오지 않는 기회야, 이번 기회가 마지막이니까 놓치지 말도록!

这可是千载难逢的机会，过了这个村就没这个店了！
Zhè kěshì qiānzǎi nánféng de jīhuì, guòle zhège cūn jiù méi zhège diàn le!

B (타이밍이…) 어쩌지, 나 친구랑 이미 영화 보기로 약속했어.

不巧了！我已经跟朋友约好了一起看电影。
Bù qiǎo le! Wǒ yǐjīng gēn péngyou yuēhǎo le yìqǐ kàn diànyǐng.

농담이야! 우리 시간 정하자!

逗你玩儿呢！咱们约个时间吧！
Dòu nǐ wánr ne! Zánmen yuē ge shíjiān ba!

饭局 fànjú 명 식사 모임 | 千载难逢 qiānzǎi nánféng 성 천년에 한 번 올까 말까 하다

표현 PLUS+

+ **我有约了。** 난 약속이 있어.
  Wǒ yǒu yuē le.

+ **有约在先。** 선약이 있어요.
  Yǒu yuē zài xiān.

+ **约个地方吧！** 만날 장소 정하자!
  Yuē ge dìfang ba!

+ **我们改日再约！** 우리 다음에 다시 약속하자!
  Wǒmen gǎirì zài yuē!

☆ 회화의 高手

☆ **给个痛快话** gěi ge tòngkuài huà 시원하게 말 좀 해봐

　给个准话 gěi ge zhǔnhuà 확실하게 말해봐

☆ **千载难逢的机会** qiānzǎi nánféng de jīhuì 어렵게 온 기회

　来之不易的机会 lái zhī bú yì de jīhuì 오기 힘든 기회

☆ **过了这个村就没这个店了** 이 기회가 마지막이니 놓치지 마
　guòle zhège cūn jiù méi zhège diàn le

　机不可失，时不再来。 기회는 다시 오지 않아.
　Jī bù kě shī, shí bú zài lái.

No 23. 招 zhāo

1 [명사] 계책, 수단, 수

> **给我支支招儿吧** 나에게 좋은 수 좀 알려줘

A 지금 회사 상황이 별로 좋지가 않아, 만약에 이번 프로젝트 못 따내면 우리 끝장이야.

目前公司的情况不太乐观，如果拿不下这次项目，我们就完了。
Mùqián gōngsī de qíngkuàng bú tài lèguān, rúguǒ ná bu xià zhè cì xiàngmù, wǒmen jiù wán le.

얼른 나에게 좋은 수 좀 알려줘 봐, 제발!

赶紧给我支支招儿吧，求你了！
Gǎnjǐn gěi wǒ zhīzhi zhāor ba, qiú nǐ le!

B 자! 그 회사 부장 연락처야, 개인적으로 대화해서 동정을 좀 얻어봐!

来！这是那家公司总监的联系方式，跟他私下谈谈，博取他的同情吧！
Lái! Zhè shì nà jiā gōngsī zǒngjiān de liánxì fāngshì, gēn tā sīxià tántan, bóqǔ tā de tóngqíng ba!

WORDS

目前 mùqián 명 현재 | 拿下 náxià 손에 넣다 | 总监 zǒngjiān 명 부장, 총감독 | 博取 bóqǔ 동 얻다

표현 PLUS+

+ 这招儿管用。 이 방법은 효과적이다.
  Zhè zhāor guǎnyòng.

+ 你不要使花招儿了！ 너 수작 부리지 마!
  Nǐ búyào shǐ huāzhāor le!

2 동사 **건드리다**

> ### 我怎么招你了？ 내가 너에게 뭘 잘못했냐?

A 네가 감히 내 뒤에서 뒤통수를 쳐? 도대체 내가 너에게 뭘 잘못했길래 나에게 이렇게 해?

你居然敢在背后捅我一刀？ 我到底怎么招你了，你就这样对我？

Nǐ jūrán gǎn zài bèihòu tǒng wǒ yì dāo? Wǒ dàodǐ zěnme zhāo nǐ le, nǐ jiù zhèyàng duì wǒ?

B 그걸 지금 말씀이라고 하세요? 당신 때문에 제 요 몇 년 동안의 노력은 다 물거품이 됐다고요!

你还好意思说？ 拜你所赐，我这些年的所有心血都前功尽弃了！

Nǐ hái hǎo yìsi shuō? Bài nǐ suǒ cì, wǒ zhèxiē nián de suǒyǒu xīnxuè dōu qiángōng jìnqì le!

WORDS

捅 tǒng 동 찌르다 | 拜你所赐 bài nǐ suǒ cì 너 때문이다 | 前功尽弃 qiángōng jìnqì 성 수포로 돌아가다, 물거품이
되다

표현 PLUS+

+ **你别招他了。** 그의 신경을 건드리지 마.
  Nǐ bié zhāo tā le.

+ **我招你惹你了？** 내가 너에게 뭘 잘못했는데?
  Wǒ zhāo nǐ rě nǐ le?

= **我什么地方得罪你了？** 내 어떤 점이 널 화나게 했냐?
  Wǒ shénme dìfang dézuì nǐ le?

☆ 회화의 高手

☆ **跟他私下谈谈** gēn tā sīxià tántan 그와 개인적으로 대화 좀 하다

  想跟他单独谈谈 xiǎng gēn tā dāndú tántan 그와 단둘이 할 말이 있다

  不准说悄悄话 bù zhǔn shuō qiāoqiāohuà 귓속말하지 마라

☆ **在背后捅我一刀** zài bèihòu tǒng wǒ yì dāo 내 뒤에서 뒤통수를 치다

  在背后出卖我 zài bèihòu chūmài wǒ 뒤에서 나를 팔아 넘기다

☆ **你还好意思说？** nǐ hái hǎo yìsi shuō? 넌 그걸 말이라고 하냐?

  你还好意思跟我借钱？ 너는 무슨 염치로 나에게 돈을 빌리냐?
  Nǐ hái hǎo yìsi gēn wǒ jièqián?

  你还有脸跟我说？ 너는 무슨 염치로 (그런) 말을 해?
  Nǐ hái yǒu liǎn gēn wǒ shuō?

1 형용사 모자라다

你怎么这么**缺**心眼儿呢?　넌 왜 이렇게 어리바리하냐?

A 넌 왜 이렇게 어리바리하냐? 더 이상 그에게 양보하지 말고 차라리 마지막 경고를 해버려!

你怎么这么**缺**心眼儿呢? 你别再对他让步了, 索性给他下最后通牒吧!

Nǐ zěnme zhème quē xīnyǎnr ne? Nǐ bié zài duì tā ràngbù le, suǒxìng gěi tā xià zuìhòu tōngdié ba!

물론 이건 순전히 내 생각이니까 참고만 하고.

当然, 这纯属私见, 仅供参考。

Dāngrán, zhè chún shǔ sījiàn, jǐn gōng cānkǎo.

B 내 생각에 이 방법은 효과가 없을 거야, 왜냐면 걔는 강하게 하면 통하질 않거든.

我估计这招儿不太好使啊, 因为他这人吃软不吃硬。

Wǒ gūjì zhè zhāor bú tài hǎo shǐ a, yīnwèi tā zhè rén chī ruǎn bù chī yìng.

WORDS

索性 suǒxìng 부 차라리 | 最后通牒 zuìhòu tōngdié 명 최후통첩 | 纯属 chún shǔ 완전히 ~이다

표현 PLUS+

+ 没心没肺 méixīn méifèi　생각이 없다, 어리바리하다
+ 小心眼儿 xiǎo xīnyǎnr　옹졸하다, 속이 좁다

缺一个人 한 사람이 모자라다

A 어떻게 매일 집 구석에 틀어박혀 있냐? 얼른 나와! 우리 팀 한 명 모자라니까.

你怎么天天宅在家里呢？赶紧出来吧！我们队缺一个人。

Nǐ zěnme tiāntiān zhái zài jiā li ne? Gǎnjǐn chūlái ba! Wǒmen duì quē yí ge rén.

너 우리 팀이 저쪽에게 지는 걸 빤히 보고만 있지는 않겠지?

你不会眼睁睁地看着我们队输给他们吧。

Nǐ bú huì yǎnzhēngzhēng de kànzhe wǒmen duì shū gěi tāmen ba.

B 힘들 거 같은데! 여친이랑 같이 게임하기로 약속했거든,

够呛吧！我已经跟女友约好了一起玩儿游戏，

Gòuqiàng ba! Wǒ yǐjīng gēn nǚyǒu yuēhǎo le yìqǐ wánr yóuxì,

어쨌든 여친을 바람 맞힐 수는 없잖아.

我总不能放她鸽子吧。

wǒ zǒng bù néng fàng tā gēzi ba.

WORDS

宅 zhái 동 집에만 있다(신조어) | 够呛 gòuqiàng 형 아마 안 될 것 같다 | 放鸽子 fàng gēzi 바람 맞히다

표현 PLUS+

+ 缺一把椅子 quē yì bǎ yǐzi 의자가 하나 모자라다
+ 什么都不缺 shénme dōu bù quē 없는 것이 하나도 없다

☆ **仅供参考** jǐn gōng cānkǎo 단지 참고하다

以上意见，仅供参考。　위 의견은 그냥 참고만 해주세요.
Yǐshàng yìjiàn, jǐn gōng cānkǎo.

图片仅供参考。　본 제품은 이미지와 다를 수 있습니다.
Túpiàn jǐn gōng cānkǎo.

☆ **吃软不吃硬** 부드럽게 나오면 받아들이나, 강하게 나오면 반발하다
chī ruǎn bù chī yìng

= 服软不服硬 fú ruǎn bù fú yìng

☆ **宅在家里** zhái zài jiā li 집 구석에 틀어박혀 있다

宅男 zháinán 집돌이 / 宅女 zháinǚ 집순이

☆ **眼睁睁地看着** yǎnzhēngzhēng de kànzhe 눈 빤히 뜨고 바라만 보다

我不能眼睁睁地看着他们结婚。
Wǒ bù néng yǎnzhēngzhēng de kànzhe tāmen jiéhūn.
나는 그들이 결혼하도록 눈만 빤히 뜨고 바라만 볼 수는 없어.

你怎么忍心看他们结婚呢？　너는 어떻게 걔네가 결혼하는 꼴을 그냥 보고만 있을 수 있냐?
Nǐ zěnme rěnxīn kàn tāmen jiéhūn ne?

1 동사 소란을 피우다

> 别闹了 소란 피우지 마, 까불지 마

A 너는 걔를 성심성의껏 돌봐주고도, 여태껏 아무것도 바라지 않았는데…… 배은망덕한 자식!

你无微不至地照顾他，从来不求回报……忘恩负义的家伙！
Nǐ wúwēi búzhì de zhàogù tā, cónglái bù qiú huíbào … wàng'ēn fùyì de jiāhuo!

내가 너 대신 가서 좀 따져야겠어!

我替你去找他理论！
Wǒ tì nǐ qù zhǎo tā lǐlùn!

B 소란 피우지 말고, 이번 일은 그에게 따지지 않을 거니까 여기까지 하자!

别闹了，这一次我不跟他计较了，到此为止吧！
Bié nào le, zhè yí cì wǒ bù gēn tā jìjiào le, dào cǐ wéizhǐ ba!

WORDS

无微不至 wúwēi búzhì 성 세심하다 | 忘恩负义 wàng'ēn fùyì 성 배은망덕하다 | 理论 lǐlùn 동 시비를 논하다 | 计较 jìjiào 동 하나하나 따지다 | 到此为止 dào cǐ wéizhǐ 여기까지, 여기서 끝내다

표현 PLUS+

+ 别胡闹！ 소란 피우지 마!
  Bié húnào!

+ 别捣乱！ 소란 피우지 마!
  Bié dǎoluàn!

+ 别闹事！ 소란 피우지 마!
  Bié nàoshì!

2 동사 **(사이가) 틀어지다**

你们俩又闹别扭了？　너희 둘 또 싸웠냐?

A 네 남친은 왜 널 보고도 못 본 척하냐? 너희 둘 또 싸웠냐?

你男朋友为什么对你视而不见呢？你们俩又闹别扭了？
Nǐ nán péngyou wèishénme duì nǐ shì'érbújiàn ne? Nǐmen liǎ yòu nào bièniu le?

별일 아니면 그냥 네가 미안하다고 해, 이번엔 또 왜 그러는데?

如果不是什么大事，你就先跟他服个软吧，这次又怎么了？
Rúguǒ bú shì shénme dàshì, nǐ jiù xiān gēn tā fú ge ruǎn ba, zhè cì yòu zěnme le?

B 말하자면 길어, 걔는 정말 말이 안 통해!

说来话长，他简直是不可理喻！
Shuō lái huà cháng, tā jiǎnzhí shì bùkě lǐyù!

WORDS

视而不见 shì'érbújiàn 성 보고도 못 본체 한다 ┃ 服软 fúruǎn 동 잘못을 인정하다 ┃ 不可理喻 bùkě lǐyù 성 말로 납득시킬 수 없다

표현 PLUS+

+ 闹矛盾 nào máodùn 사이가 틀어지다, 의견 충돌이 생기다
+ 闹离婚 nào líhūn 이혼하려고 하다
+ 闹分手 nào fēnshǒu 헤어지려고 하다

3 동사 **농담하다, 장난하다**

这不是闹着玩儿的　이건 장난이 아니야

A 내일 언제 가는데? 나 데려가 주라! 사람이 많을수록 힘이 생기잖아!

明天什么时候去啊？带我去吧！多一个人多一份力量嘛！
Míngtiān shénme shíhou qù a? Dài wǒ qù ba! Duō yí ge rén duō yí fèn lìliàng ma!

你跟着瞎起什么哄啊？ 这不是闹着玩儿的。
Nǐ gēnzhe xiā qǐ shénme hòng a? Zhè bú shì nàozhe wánr de.

★ 회화의 高手

☆ **找他理论** zhǎo tā lǐlùn 그에게 따지다

我为他讨个公道。　내가 그를 위해 시비를 가려주려고.
Wǒ wèi tā tǎo ge gōngdào.

请您帮我评评理。　저 대신 시비를 가려주세요.
Qǐng nín bāng wǒ píngping lǐ.

☆ **不跟他计较了** bù gēn tā jìjiào le 그에게 따지지 않다

你别跟我斤斤计较了。　너 너무 따지지 마.
Nǐ bié gēn wǒ jīnjīn jìjiào le.

☆ **跟他服个软吧** gēn tā fú ge ruǎn ba 그에게 잘못을 인정하다

你跟他赔个不是。　예의를 갖춰서 그에게 사과해라.
Nǐ gēn tā péi ge búshi.

☆ **说来话长** shuō lái huà cháng 말하자면 길어

一句两句说不清楚。　한두 마디로 설명이 안 된다.
Yí jù liǎng jù shuō bu qīngchu.

一时半会儿说不完。　짧은 시간에 다 말 못해.
Yìshí bànhuìr shuō bu wán.

☆ **多一个人多一份力量** 사람이 많으면 힘이 크다
duō yí ge rén duō yí fèn lìliàng

= 人多力量大 rén duō lìliàng dà

1 [개사] ~가/이 (~하다)

> 这一切都**由**公司来**承担** 이 모든 건 다 회사가 (주체로) 책임진다

A 내가 이렇게 큰 사고를 쳤으니 회사는 분명 나에게 끝까지 책임지라고 할 거야.

我*闯了这么大的祸，公司肯定会让我*吃不了，兜着走吧。
Wǒ chuǎngle zhème dà de huò, gōngsī kěndìng huì ràng wǒ chī buliǎo, dōuzhe zǒu ba.

지금 내가 무슨 염치로 밥을 먹겠어?

我哪儿有脸吃饭呢?
Wǒ nǎr yǒu liǎn chīfàn ne?

B 내 몇십 년의 근무 경험으로 봤을 때, 이건 회사가 다 책임져야 하는 거야.

以我几十年的工作经验来看，这一切都应该**由**公司来**承担**。
Yǐ wǒ jǐ shí nián de gōngzuò jīngyàn lái kàn, zhè yíqiè dōu yīnggāi yóu gōngsī lái chéngdān.

그러니 걱정 말고, 먼저 밥 먹어, 사람은 밥심으로 사는 거잖아.

所以你放心好了，先吃饭吧，人是铁，饭是钢嘛。
Suǒyǐ nǐ fàngxīn hǎo le, xiān chīfàn ba, rén shì tiě, fàn shì gāng ma.

WORDS

闯祸 chuǎnghuò [동] 사고를 일으키다 | 承担 chéngdān [동] 감당하다, 책임지다

표현 PLUS+

+ 这件事**由**我来处理。 이 일은 내가 (주체로) 처리할게.
  Zhè jiàn shì yóu wǒ lái chǔlǐ.

> 他的死亡是**由**过劳**引起的** 그의 사망은 과로로 인한 것이다

A 멀쩡하던 사람이 어떻게 갑자기 죽을 수 있지?

好端端的一个人怎么能 说死就死了呢?
Hǎoduānduān de yí ge rén zěnme néng shuō sǐ jiù sǐ le ne?

B 누가 아니래? 그의 사망은 과로로 인한 거래.

谁说不是呢? 听说他的死亡是**由**过劳**引起的**,
Shéi shuō bú shì ne? Tīngshuō tā de sǐwáng shì yóu guòláo yǐnqǐ de,

사실 이 결과는 내가 예상했던 대로야.

其实这结果在我意料之中。
qíshí zhè jiéguǒ zài wǒ yìliào zhī zhōng.

WORDS

好端端 hǎoduānduān 형 멀쩡하다 | 意料 yìliào 동 예상하다

표현 PLUS+

+ **由**各种因素造成的矛盾 각종 요소로 인한 모순
  yóu gè zhǒng yīnsù zàochéng de máodùn

> **由**此可见 이로부터 알 수 있듯이

A 제가 아는 바에 따르면, 김사장님 회사 부도는 이미 기정사실이라던데요.

据我所知,金老板公司破产是板上钉钉的事。
Jù wǒ suǒ zhī, Jīn lǎobǎn gōngsī pòchǎn shì bǎnshàng dìngdīng de shì.

B 김사장은 지금 곳곳에서 돈을 빌리고 있는데, 이로써 알 수 있듯이, 회사 경영에 문제가 생긴거지.

金老板最近到处借钱, **由**此可见,他们公司运营遇到困难了吧。
Jīn lǎobǎn zuìjìn dàochù jiè qián, yóu cǐ kějiàn, tāmen gōngsī yùnyíng yùdào kùnnan le ba.

板上钉钉 *bǎnshàng dìngdīng* 성 이미 결정되다 | 到处 *dàochù* 부 도처, 이르는 곳

☆ 회화의 高手

☆ **闯祸** *chuǎnghuò* 사고 치다, 문제를 일으키다

別惹事 *bié rěshì* 사고 치지 마라

別添乱 *bié tiānluàn* 방해하지 마라

☆ **吃不了，兜着走** *chī bùliǎo, dōuzhe zǒu* 끝까지 책임지다

一人做事一人当 *yì rén zuòshì yì rén dāng* 자기가 한 일은 자기가 책임진다

☆ **说⋯⋯就⋯⋯** *shuō … jiù …* ~한다면 (빠른 시일에) ~하다

说走就走 *shuō zǒu jiù zǒu* 가고 싶다고 마음대로 가버리다

说变就变 *shuō biàn jiù biàn* 변한다고 말하자마자 변해 버리다(변덕)

☆ **谁说不是呢?** *Shéi shuō bú shì ne?* 누가 아니래?

这还用说吗? 그걸 물어볼 필요 있어?(당연하지)
Zhè hái yòng shuō ma?

☆ **据我所知** *jù wǒ suǒ zhī* 내가 아는 바에 의하면

据我了解 *jù wǒ liǎojiě* 내가 알기로는

依我看 *yī wǒ kàn* 내가 보기에는

1 〔동사〕 관여하다

你**管**的也太宽了吧 너무 오지랖 부리는 거 아니야? (관여가 심하다)

A 듣자 하니 광일이가 이번 프로젝트 책임지게 됐다는데, 윤곽이 좀 잡히고 있는지 좀 물어봐야겠어.

听说这次项目由光一来负责，我要去问他准备得有没_☆有眉目了。

Tīngshuō zhè cì xiàngmù yóu Guāngyī lái fùzé, wǒ yào qù wèn tā zhǔnbèi de yǒu méiyǒu méimu le.

이번 프로젝트에 의외의 실수가 생기면, 걔 직장 생활 끝날 수도 있거든.

如果这次项目有什么闪失，说不定他的工作就会完了。

Rúguǒ zhè cì xiàngmù yǒu shénme shǎnshī, shuōbudìng tā de gōngzuò jiù huì wán le.

B 너 오지랖 장난 아니다 진짜! 네 일이나 잘 신경 써!

你**管**的也太宽了吧，你还是管好自己的事吧！

Nǐ guǎn de yě tài kuān le ba, nǐ háishi guǎnhǎo zìjǐ de shì ba!

솔직히 말하면 회사도 그에게 뭘 기대하는 건 아니야.

我跟你说实话，其实公司也_☆对他不抱任何希望。

Wǒ gēn nǐ shuō shíhuà, qíshí gōngsī yě duì tā bú bào rènhé xīwàng.

WORDS

闪失 shǎnshī 〔명〕 뜻밖의 실수, 뜻하지 않은 사고 ｜ 抱希望 bào xīwàng 희망을 품다

표현 **PLUS+**

+ **管**得太紧 guǎn de tài jǐn 너무 관여하다
+ 多**管**闲事 duō guǎn xiánshì 필요 없는 참견을 하다
+ **管**他呢? 신경 쓰지 마!
  Guǎn tā ne?

2 동사 **[책임지고] 제공하다, 지급하다**

管吃不管住 밥은 제공하지만 자는 곳은 제공하지 않는다

A 우리 회사는 다른 회사와 비교해서 조건이 별로야, 밥은 주는데 숙소는 제공을 안 해줘.

我们公司跟其他公司相比，条件不太好，只管吃不管住。
Wǒmen gōngsī gēn qítā gōngsī xiāngbǐ, tiáojiàn bú tài hǎo, zhǐ guǎn chī bù guǎn zhù.

B 넌 정말 복에 겨웠구나, '만족하면 기쁘다'라는 말 몰라?

你简直是身在福中不知福，不知道"知足常乐"吗?
Nǐ jiǎnzhí shì shēn zài fú zhōng bù zhī fú, bù zhīdào "zhīzú cháng lè" ma?

우리 회사는 숙소는 말할 것도 없어, 밥도 안 주니까.

甭说管住，我们公司连饭都不给。
Béng shuō guǎn zhù, wǒmen gōngsī lián fàn dōu bù gěi.

WORDS

知足常乐 zhīzú cháng lè 만족함을 알면 항상 기쁘다

---

3 개사 **~를 [~라고 부르다]**

管他叫 "情感专家" 그를 '연애전문가'라고 부르다

A 너 보아하니 하루 종일 넋이 나가 있네, 그를 찾아가서 의견을 구해봐.

你看你整天都魂不守舍的样子，你还是去征求他的意见吧。
Nǐ kàn nǐ zhěngtiān dōu húnbùshǒushè de yàngzi, nǐ háishi qù zhēngqiú tā de yìjiàn ba.

다들 그를 '연애전문가'라고 부르거든.

大家都管他叫 "情感专家"。
Dàjiā dōu guǎn tā jiào "qínggǎn zhuānjiā".

B 알겠어, 그럼 지금 바로 가서 물어봐야겠다.

好吧，那我这就去问他。
Hǎo ba, nà wǒ zhè jiù qù wèn tā.

WORDS

魂不守舍 húnbùshǒushè 성 넋이 나가다 | 征求 zhēngqiú 동 (의견 등을) 구하다

☆ **有眉目** yǒu méimu 윤곽이 잡히다

有什么进展吗?　무슨 진전이 있어?
Yǒu shénme jìnzhǎn ma?

她的病有好转吗?　그녀의 병세는 호전이 되었어?
Tā de bìng yǒu hǎozhuǎn ma?

☆ **对他不抱希望** duì tā bú bào xīwàng 그에게 기대하지 않는다

指望不上他 zhǐwàng bu shàng tā 그에게 희망을 걸 수 없다

☆ **身在福中不知福** shēn zài fú zhōng bù zhī fú 호강에 겨워 만족을 못하다

吃饱了撑的 chī bǎo le chēng de 배가 불렀구나

☆ **征求意见** zhēngqiú yìjiàn 의견을 구하다

寻求帮助 xúnqiú bāngzhù 도움을 구하다

☆ **这就** zhè jiù 지금 바로

我这就去买。　제가 지금 바로 사러 갈게요.
Wǒ zhè jiù qù mǎi.

我这就过来。　지금 바로 갈게요.
Wǒ zhè jiù guòlái.

No 28. 冲 chōng/chòng

1 [동사] 물에 풀다

冲水喝 물에 타서 마시다

A 이 두 가지 약을 같이 물에 타서 마셔도 되나요?

这两种药可以放在一起冲水喝吗?
Zhè liǎng zhǒng yào kěyǐ fàng zài yìqǐ chōng shuǐ hē ma?

질문이 하나 더 있는데요, 애가 약을 먹다가 토하면 다시 먹여야 하나요?

还有一个问题，宝宝吃药吐了还要重新再吃吗?
Háiyǒu yí ge wèntí, bǎobao chī yào tùle hái yào chóngxīn zài chī ma?

B 하나는 한약이고 또 하나는 양약이기 때문에 섞어서 먹으면 안 되고,

因为这个药是中药，另一个药是西药，所以可不能搭着吃，
Yīnwèi zhège yào shì zhōngyào, lìng yí ge yào shì xīyào, suǒyǐ kě bù néng dāzhe chī,

30분 간격으로 먹어야 합니다. 그리고 절대 공복에 드시면 안 됩니다.

必须得隔半个小时吃，然后绝不能空腹服用。
bìxū děi gé bàn ge xiǎoshí chī, ránhòu jué bù néng kōngfù fúyòng.

그리고 애가 약 먹고 바로 구토를 했다면 약물이 완전히 흡수가 된 게 아니니

如果宝宝在用药后立即发生呕吐，药物完全没被吸收，
Rúguǒ bǎobao zài yòng yào hòu lìjí fāshēng ǒutù, yàowù wánquán méi bèi xīshōu,

일반적으로 다시 약을 먹어야 해요.

一般都需要补服药物。
yìbān dōu xūyào bǔ fú yàowù.

WORDS

空腹 kōngfù [명] 공복 | 搭 dā [동] 겹치다

+ **冲**咖啡 chōng kāfēi 커피를 타다

2 동사 돌진하다, 향하다

冲着你来的 너 때문에 온 거야

A 이건 너무 기막힌 우연 아니냐? 네 전 남친이 너네 회사에 들어왔다며?

这也太寸了吧，听说你前男友来你们公司了?
Zhè yě tài cùn le ba, tīngshuō nǐ qián nányǒu lái nǐmen gōngsī le?

내 오랜 연애 경험으로 봤을 때 그는 단순한 목적이 아니야, 다른 의도가 있어서 들어온 거야.

以我多年的恋爱经验来看，他**目的不纯，另有所图**。
Yǐ wǒ duōnián de liàn'ài jīngyàn lái kàn, tā mùdì bù chún, lìng yǒu suǒ tú.

그가 뒷끝이 없다고 생각하면 안 되니, 너 절대 방심하면 안 돼! 알겠어?

你别以为人家**不记仇**，千万别放松警惕，知道吗?
Nǐ bié yǐwéi rénjiā bú jìchóu, qiānwàn bié fàngsōng jǐngtì, zhīdào ma?

걔는 (복수하려고) 너 때문에 온 걸 수도 있어.

说不定，他这次啊，就是**冲**着你来的。
Shuōbudìng, tā zhè cì a, jiùshì chòngzhe nǐ lái de.

B 그럴리가 있겠어? 오래된 일 때문에 아직도 원한을 품는다고?

不至于吧? 因为陈年旧事他还会记仇?
Búzhìyú ba? Yīnwèi chénnián jiùshì tā hái huì jìchóu?

WORDS

警惕 jǐngtì 동 경계심을 가지다 | 陈年旧事 chénnián jiùshì 오래된 일

☆ **这也太寸了吧?** 너무 기막힌 우연 아니야?
Zhè yě tài cùn le ba?

这也太巧了吧? 어떻게 이런 우연이 있냐?
Zhè yě tài qiǎo le ba?

☆ **目的不纯，另有所图。** 목적이 단순하지 않고, 다른 의도가 있어.
Mùdì bù chún, lìng yǒu suǒ tú.

她心机很深。 그녀는 꿍꿍이가 있어.
Tā xīnjī hěn shēn.

☆ **不记仇** bú jìchóu 뒷끝이 없다

不计前嫌 bújì qiánxián 과거의 악감정을 털어버리다

☆ **不至于吧** búzhìyú ba (설마) 그 정도는 아니겠지

不会吧 bú huì ba 그럴리가 없어, 설마 아니겠지

1 동사 **강요하다, 몰아붙이다**

別再逼我了 더 이상 나에게 강요하지 마

A 이 일은 더 이상 상의할 필요도 없으니까, 더 이상 강요하지 마!

这件事☆没得商量，所以你别再逼我了！
Zhè jiàn shì méi dé shāngliang, suǒyǐ nǐ bié zài bī wǒ le!

게다가, 이 일은 내 능력으로 해결할 수 있는 일이 아니야, 나는 능력이 안 된다고.

再说，这件事并不是我能力范畴之内的事，我无能为力。
Zài shuō, zhè jiàn shì bìng bú shì wǒ nénglì fànchóu zhī nèi de shì, wǒ wúnéngwéilì.

B 우리가 한때 친구였던 걸 봐서라도 한 번만 기회를 줘.

☆看在我们俩朋友一场的份上，给我一次机会吧。
Kàn zài wǒmen liǎ péngyou yì chǎng de fèn shàng, gěi wǒ yí cì jīhuì ba.

WORDS

范畴 fànchóu 명 범위 | 无能为力 wúnéngwéilì 성 아무런 능력이 없다

표현 PLUS+

+ 他老逼着我跟他结婚。 그는 항상 나에게 자기와 결혼하자고 조른다.
Tā lǎo bīzhe wǒ gēn tā jiéhūn.

我也是被逼无奈呀 나도 어쩔 수가 없어

A 내가 원해서 이런다고 생각해? 나도 어쩔 수가 없어서 그래,

你以为我愿意吗？我也是 被逼无奈呀，
Nǐ yǐwéi wǒ yuànyì ma? Wǒ yě shì bèi bī wúnài ya,

나도 이러고 싶지 않아, 일이 이 지경에 이르렀는데 다른 선택이 없잖아.

我也心不甘情不愿， 事已至此，没有别的选择。
wǒ yě xīn bùgān qíng bú yuàn, shì yǐ zhìcǐ, méiyǒu bié de xuǎnzé.

B 이렇게 된 거, 우리 좋은 방향으로 생각하자!

既然如此，咱们还是 往好的方向想吧！
Jìrán rúcǐ, zánmen háishi wǎng hǎo de fāngxiàng xiǎng ba!

이번 일을 교훈 삼아 다시 시작하면, 조만간 재기하게 될 거야.

从这件事中吸取教训，重新开始，早晚会翻身的。
Cóng zhè jiàn shì zhōng xīqǔ jiàoxùn, chóngxīn kāishǐ, zǎowǎn huì fānshēn de.

WORDS

无奈 wúnài 동 어쩔 수 없다 | 心甘情愿 xīngān qíngyuàn 성 기꺼이 원하다 | 事已至此 shì yǐ zhìcǐ 일이 이미 이 지경이 되다 | 吸取 xīqǔ 동 받아들이다, 흡수하다 | 翻身 fānshēn 동 몸을 돌리다, 재기하다

표현 PLUS+

＋ 这都是被你逼的。 이건 다 너 때문에 그런 거야.
Zhè dōu shì bèi nǐ bī de.

☆ **没得商量** méi dé shāngliang 상의할 필요 없다

没有商量的余地吗？ 상의할 여지도 없는 건가요?
Méiyǒu shāngliang de yúdì ma?

☆ **看在……的份上** kàn zài … de fèn shàng ~를 봐서라도

看在你爸爸的份上，这次我原谅你。 네 아빠 얼굴을 봐서 이번엔 용서해 주는 거야.
Kàn zài nǐ bàba de fèn shàng, zhè cì wǒ yuánliàng nǐ.

☆ **被逼无奈** bèi bī wúnài 어쩔 수 없다

= 逼不得已 bī bùdéyǐ

☆ **事已至此** shì yǐ zhìcǐ 일이 이 지경에 이르다

= 事到如今 shì dào rújīn

☆ **往好的方向想** wǎng hǎo de fāngxiàng xiǎng 좋은 방향으로 생각하다

别老往坏处想。 너무 그렇게 항상 나쁜 쪽으로 생각하지 마.
Bié lǎo wǎng huàichù xiǎng.

No 30. 顾 gù

1 동사 **신경 쓰다, 생각하다**

顾不了那么多了 그렇게 많은 것까지 신경 쓸 틈이 없어

A 너 요즘 일에 엄청 몰두하던데, 너무 무리하지 마! 적당히 해!

我看你最近 一心扑在工作上，你别疲于奔命了，悠着点儿！

Wǒ kàn nǐ zuìjìn yìxīn pū zài gōngzuò shàng, nǐ bié píyú bēnmìng le, yōuzhe diǎnr!

만약에 너에게 무슨 일이라도 생기면, 가족들은 어떻게 하라고?

万一你 有什么三长两短，你家人怎么办？

Wànyī nǐ yǒu shénme sāncháng liǎngduǎn, nǐ jiārén zěnme bàn?

B 나는 지금 그렇게 많은 걸 신경 쓸 겨를이 없어, 가장 급한 건 얼른 돈을 모아서 빚을 갚아야 해.

我现在顾不了那么多了，当务之急就是赶紧赚钱还债。

Wǒ xiànzài gù buliao nàme duō le, dāngwùzhījí jiùshì gǎnjǐn zhuànqián huánzhài.

WORDS

扑 pū 동 몰두하다, 열중하다 | 疲于奔命 píyú bēnmìng 바쁘게 돌아다녀 지치다 | 三长两短 sāncháng liǎngduǎn 성
의외의 사고 | 当务之急 dāngwùzhījí 성 가장 급한 일

표현 PLUS+

+ 我顾不上休息。 난 쉴 겨를이 없어.
  Wǒ gù bu shàng xiūxi.

+ 最近这么忙，我哪顾得上他的生日啊？ 요즘 바쁜데 걔 생일 신경 쓸 겨를이 어디 있어?
  Zuìjìn zhème máng, wǒ nǎ gù de shàng tā de shēngrì a?

顾全大局 대를 위해 소를 희생하다

A 네가 사장님께 일러 바쳤지? 내가 이미 말하지 않았어? 나도 어쩔 수 없었다고.

是你向老板告的状吧？我不是说过我也是被逼无奈的吗？
Shì nǐ xiàng lǎobǎn gào de zhuàng ba? Wǒ bú shì shuōguo wǒ yě shì bèi bī wúnài de ma?

게다가 너 비밀 지켜주기로 약속 다 했잖아.

再说，你说好了替我保密的呀。
Zài shuō, nǐ shuōhǎo le tì wǒ bǎomì de ya.

B 내 입장도 좀 이해해 주라!

你多谅解一下我的立场吧，
Nǐ duō liàngjiě yíxià wǒ de lìchǎng ba,

내가 이렇게 안 하면, 우리 부서 전부 잘린다고, 대를 위해 소를 희생한 거야!

我不这么做，我们部门的所有人都会被开除的，顾全大局吧！
wǒ bú zhème zuò, wǒmen bùmén de suǒyǒu rén dōu huì bèi kāichú de, gùquán dàjú ba!

넌 솔로지만, 쟤들은 다 집안을 먹여 살려야 하잖아.

你是单身，但他们都得养家糊口呢。
Nǐ shì dānshēn, dàn tāmen dōu děi yǎngjiā húkǒu ne.

WORDS

告状 gàozhuàng 동 고자질하다 ┃ 保密 bǎomì 동 비밀을 지키다 ┃ 养家糊口 yǎngjiā húkǒu 가족을 먹여 살리다

☆ **一心扑在工作上** yìxīn pū zài gōngzuò shàng 일에 열중하다

他埋头于工作。   그는 일에 파묻혀 있다(몰두한다).
Tā máitóu yú gōngzuò.

☆ **有什么三长两短** yǒu shénme sāncháng liǎngduǎn 무슨 사고가 생기다

我孩子有什么三长两短，我就跟你没完。
Wǒ háizi yǒu shénme sāncháng liǎngduǎn, wǒ jiù gēn nǐ méiwán.
우리 애한테 무슨 일 생기면 내가 당신 가만 안 둘 거야.

☆ **向老板告状** xiàng lǎobǎn gàozhuàng 사장님에게 고자질하다

= 向老板打小报告 xiàng lǎobǎn dǎ xiǎobàogào

☆ **替我保密** tì wǒ bǎomì 비밀을 지키다

守口如瓶 shǒukǒu rúpíng 비밀을 엄수하다

封口费 fēngkǒufèi 입을 다물고 받는 돈

이것만은 꼭 기억하기!

No 21. 总 zǒng

① 부사 **늘, 항상**

他总是这样把好心当成驴肝肺 걔는 항상 이렇게 남의 호의를 개떡으로 알아

② 부사 **어쨌든(최소한)**

你总得告诉我理由吧 너는 어쨌든(최소한) 이유는 말해줘야지

③ 부사 **어쨌든**

说总比不说强吧 말하는 게 어쨌든 안 하는 것보다는 낫겠지

No 22. 约 yuē

① 동사 **약속하다**

我想约他一起看部电影 나는 그와 함께 영화를 보고 싶어

② 동사 **약속하다**

我已经跟朋友约好了一起看电影 난 이미 친구랑 영화 보기로 약속했어

No 23. 招 zhāo

① 명사 **계책, 수단, 수**

给我支支招儿吧 나에게 좋은 수 좀 알려줘

② 동사 **건드리다**

我怎么招你了? 내가 너에게 뭘 잘못했냐?

No 24. 缺 quē

① 형용사 **모자라다**

你怎么这么缺心眼儿呢? 넌 왜 이렇게 어리바리하냐?

② 형용사 **모자라다**

缺一个人 한 사람이 모자라다

No 25. 闹 nào

① 동사 **소란을 피우다**

别闹了 소란 피우지 마, 까불지 마

② 동사 **[사이가] 틀어지다**

你们俩又闹别扭了? 너희 둘 또 싸웠냐?

③ 동사 **농담하다, 장난하다**

这不是闹着玩儿的 이건 장난이 아니야

No 26. 由 yóu

① 개사 **~가/이 (~하다)**

这一切都由公司来承担 이 모든 건 다 회사가 (주체로) 책임진다

② 개사 **~때문에**

他的死亡是由过劳引起的 그의 사망은 과로로 인한 것이다

③ 개사 **~로부터**

由此可见 이로부터 알 수 있듯이

No 27. 管 guǎn

① 동사 **관여하다**

你管的也太宽了吧 너무 오지랖 부리는 거 아니야? (관여가 심하다)

② 동사 **[책임지고] 제공하다, 지급하다**

管吃不管住 밥은 제공하지만 자는 곳은 제공하지 않는다

③ 개사 **~를 (~라고 부르다)**

管他叫 "情感专家" 그를 '연애전문가'라고 부르다

No 28. 冲 chōng/chòng

① 동사 **물에 풀다**

冲水喝 물에 타서 마시다

② 동사 **돌진하다, 향하다**

冲着你来的 너 때문에 온 거야

No 29. 逼 bī

① 동사 **강요하다, 몰아붙이다**

别再逼我了 더 이상 나에게 강요하지 마

② 동사 **핍박하다**

我也是被逼无奈呀 나도 어쩔 수가 없어

No 30. 顾 gù

① 동사 **신경 쓰다, 생각하다**

顾不了那么多了 그렇게 많은 것까지 신경 쓸 틈이 없어

② 동사 **돌보다, 관리하다**

顾全大局 대를 위해 소를 희생하다

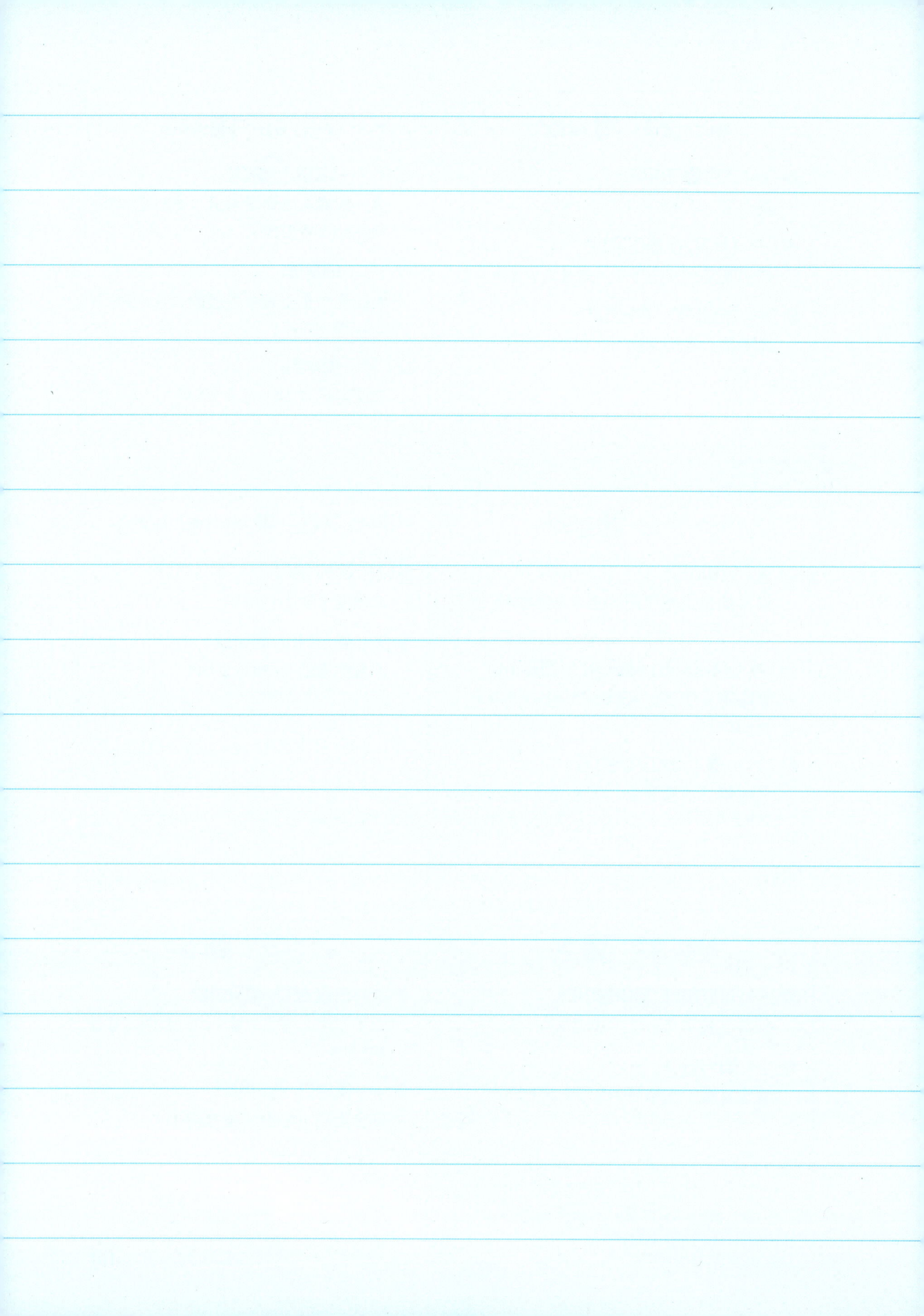

진짜 중국어
단어 패턴 31-40

1 동사 시선을 한 곳에 집중하다, 주시하다

帮我盯着点儿 나 대신 좀 봐줘

A 마침 잘 왔어, 넌 역시 내 수호신이야, 엄마가 계속 집에 왔다 가라고 재촉하는데,

你来得正好，你不愧是我的守护神，妈妈一直催我回家一趟，
Nǐ lái de zhènghǎo, nǐ búkuì shì wǒ de shǒuhùshén, māma yìzhí cuī wǒ huíjiā yí tàng,

손님이 너무 많아서 꼼짝할 수가 없잖아, 나 대신 좀 봐줘, 금방 돌아올게.

但客人多，我脱不开身，你帮我盯着点儿，我去去就回。
dàn kèrén duō, wǒ tuō bu kāi shēn, nǐ bāng wǒ dīngzhe diǎnr, wǒ qùqu jiù huí.

B 진작 말하지 그랬어? 나는 오늘 하루 종일 할 일이 없었는데.

你怎么不早说呢？我一整天都闲着没事干呢。
Nǐ zěnme bù zǎo shuō ne? Wǒ yì zhěng tiān dōu xiánzhe méishì gàn ne.

여긴 나에게 맡기고 얼른 가봐!

这儿交给我，快去吧！
Zhèr jiāo gěi wǒ, kuài qù ba!

WORDS

不愧 búkuì 부 역시 ~답다 | 守护神 shǒuhùshén 명 수호신 | 脱不开身 tuō bu kāi shēn 몸을 뺄 수 없다, 꼼짝할 수 없다

표현 PLUS+

+ 你老盯着我干吗？ 너 왜 날 계속 노려보는데?
Nǐ lǎo dīngzhe wǒ gàn ma?

把我盯得太紧了　나를 너무 심하게 감시(관여)한다

A 뭘 그렇게 우거지상을 하고 있어? 여신이 항상 옆에 있어주는데, 만족하고 살아.

干嘛愁眉苦脸的呀？女神天天陪在你身边，你就知足吧。

Gàn má chóuméi kǔliǎn de ya? Nǚshén tiāntiān péi zài nǐ shēnbiān, nǐ jiù zhīzú ba.

내가 보기엔 넌 정말 호강에 겨웠어!

我看你这简直是身在福中不知福！

Wǒ kàn nǐ zhè jiǎnzhí shì shēn zài fú zhōng bù zhī fú!

B 네 일 아니라고 쉽게 말하지 마! 걔는 나를 장난 아니게 감시해!

你别站着说话不腰疼，她把我盯得太紧了！

Nǐ bié zhànzhe shuōhuà bù yāo téng, tā bǎ wǒ dīng de tài jǐn le!

나를 숨도 못 쉬게 만든다고!

☆弄得我喘不过气来！

Nòng de wǒ chuǎn bu guò qì lai!

WORDS

愁眉苦脸 chóuméi kǔliǎn [성] 수심에 찬 얼굴, 우거지상 | 站着说话不腰疼 zhànzhe shuōhuà bù yāo téng 자기 일 아니라고 함부로 이야기하다

☆ **来得正好** lái de zhènghǎo 때마침 잘 왔다

你来得不是时候。　너는 때를 잘못 맞춰 왔네.
Nǐ lái de bú shì shíhou.

☆ **不愧** búkuì (역시) ~답다

不愧是文老师！　역시 문선생님이야!
Búkuì shì Wén lǎoshī!

他不愧是我的好朋友。　그는 역시 좋은 친구야.
Tā búkuì shì wǒ de hǎo péngyou.

☆ **交给我** jiāo gěi wǒ (~를) 나에게 맡겨

把这事交给你。　이 일을 너에게 맡길게.
Bǎ zhè shì jiāo gěi nǐ.

☆ **弄得** nòng de (~해서) ~하게 만들다

他这么做，弄得我很丢脸。　그가 한 행동은 나를 정말 창피하게 만들었다.
Tā zhème zuò, nòng de wǒ hěn diūliǎn.

No 32. 托 tuō

① 동사 받치다, 고이다

两手托腮陷入沉思 두 손으로 뺨을 받치고 생각에 잠기다

A 진짜 아무 일 없어? 넌 문제가 생기면 항상 두 손으로 뺨을 받치고 고민하잖아.

真没事？你呢，一旦有事就用两手托腮陷入沉思。
Zhēn méishì? Nǐ ne, yídàn yǒu shì jiù yòng liǎng shǒu tuō sāi xiànrù chénsī.

우리에게 말해봐! 속담에 '못난이 셋이 모여도 지혜가 나온다'는 말이 있잖아.

跟我们说吧，俗话说："☆三个臭皮匠，顶个诸葛亮"。
Gēn wǒmen shuō ba, súhuà shuō: "sān ge chòu píjiàng, dǐng ge Zhūgě Liàng".

B 네 눈은 못 속이겠다 진짜, 나 혼자 해결할 수 있을 거 같아서 말 안 했는데……

我真的☆瞒不过你的火眼金睛，我以为我自己能搞定……
Wǒ zhēn de mán bu guò nǐ de huǒyǎn jīnjīng, wǒ yǐwéi wǒ zìjǐ néng gǎodìng …

보아하니 나 혼자서는 안 될 거 같네.

看来我一个人力不从心。
Kànlái wǒ yí ge rén lìbùcóngxīn

WORDS

陷入 xiànrù 동 빠져들다 | 沉思 chénsī 명 깊은 생각 | 火眼金睛 huǒyǎn jīnjīng 성 통찰력 있는 예리한 눈(서유기 손오공의 눈을 가리킴) | 力不从心 lìbùcóngxīn 성 마음은 있으나 힘이 따르지 못하다

표현 PLUS+

+ **托着茶盘走进来** tuōzhe chápán zǒu jìnlai 차 쟁반을 받쳐 들고 걸어 들어오다

受朋友之**托** 친구의 부탁을 받아서

A 솔직하게 털어놓으면 봐줄게! 근데 만약 조금이라도 거짓이 있다면

坦白从宽，抗拒从严，但是如果话里有半点儿假话，
Tǎnbái cóngkuān, kàngjù cóngyán, dànshì rúguǒ huà li yǒu bàndiǎnr jiǎ huà,

네가 평생 후회하게 만들어 줄 거야! 믿든지 말든지 그건 네 마음대로 해!

我就会让你后悔一辈子的，**信不信由你**！
Wǒ jiù huì ràng nǐ hòuhuǐ yíbèizi de, xìn bu xìn yóu nǐ!

B 나는 단지 친구 부탁을 받아서 한 것뿐이야.

我只不过是受朋友之**托**做的而已。
Wǒ zhǐ bú guò shì shòu péngyou zhī tuō zuò de éryǐ.

표현 PLUS+

+ 这是**托**人写的。 이건 다른 사람에게 부탁해서 쓴 거야.
Zhè shì tuō rén xiě de.

托您的福 당신 덕분에

A 덕분에 이번 일은 순조롭게 해결되었어요, 어떻게 감사를 드려야 할지 모르겠습니다.

托您的福，这件事得到了圆满解决，我不知该如何感谢您。
Tuō nín de fú, zhè jiàn shì dédào le yuánmǎn jiějué, wǒ bù zhī gāi rúhé gǎnxiè nín.

B 별거 아닌 일인데 거론할 필요 없어요!

举手之劳，何足挂齿！
Jǔshǒuzhīláo, hé zú guàchǐ!

WORDS

举手之劳 jǔshǒuzhīláo 성 사소한 수고(노고) | 何足挂齿 hé zú guàchǐ 말할 것이 못 된다

☆ **三个臭皮匠，顶个诸葛亮** sān ge chòu píjiàng, dǐng ge Zhūgě Liàng
못난 세 명이 모여도 제갈량 같은 지혜를 보여줄 수 있다

= 三个臭皮匠，赛过诸葛亮

☆ **瞒不过你的火眼金睛** mán bu guò nǐ de huǒyǎn jīnjīng　네 눈은 못 속이겠다

逃不过他的法眼。　그의 예리한 눈을 피할 수 없어.
Táo bu guò tā de fǎyǎn.

☆ **坦白从宽，抗拒从严** tǎnbái cóngkuān, kàngjù cóngyán
솔직하면 관대하게 처벌하고 반항하면 엄하게 처벌한다

实不相瞒 shí bù xiāngmán　속이지 않고 사실대로 말하다

老实交代吧！　솔직히(똑바로) 말해 봐!
Lǎoshi jiāodài ba!

☆ **信不信由你** xìn bu xìn yóu nǐ　믿든 말든 알아서 해

爱信不信！　믿거나 말거나!
Ài xìn bú xìn!

☆ **托您的福** tuō nín de fú　당신 덕분입니다

多亏了你！　네 덕분이야!
Duōkuī le nǐ!

☆ **举手之劳，何足挂齿** 사소한 일이라 거론할 것이 못 된다
jǔshǒuzhīláo, hé zú guàchǐ

这点小事，举手之劳，不足挂齿。
Zhè diǎn xiǎo shì, jǔshǒuzhīláo, hé zú guàchǐ.
이런 자질구레한 일은 식은 죽 먹기라서 언급할 만한 가치가 없다.

1 동사 교묘하게 얻어내다

套他的话 그의 마음을 떠보다

A 문 오빠의 이도 저도 아닌 태도 진짜 짜증나.

文哥他那模棱两可的态度真让人受不了。
Wén gē tā nà móléng liǎngkě de tàidù zhēn ràng rén shòu buliǎo.

도대체 나랑 사귀겠다는 건지 아닌지, 어쨌든 최소한 확실한 말은 있어야지.

到底要不要跟我在一起，他总得给个痛快话吧。
Dàodǐ yào bu yào gēn wǒ zài yìqǐ, tā zǒngděi gěi ge tòngkuài huà ba.

계속해서 나를 피하기나 하고, 참는 데도 한계가 있는 거라고!

一而再，再而三地躲着我，我的忍耐也是有限度的！
Yī ér zài, zài ér sān de duǒzhe wǒ, wǒ de rěnnài yě shì yǒu xiàndù de!

B 문 형이 확실히 네가 싫다고 한 건 아니니까, 너무 성급하게 결론 내리지는 마.

文哥也没有明确表态不喜欢你，所以别太早下结论吧。
Wén gē yě méiyǒu míngquè biǎotài bù xǐhuan nǐ, suǒyǐ bié tài zǎo xià jiélùn ba.

내가 지금 문 형에게 가서 마음을 살짝 떠볼게.

我这就去文哥那儿套他的话吧。
Wǒ zhè jiù qù Wén gē nàr tào tā de huà ba.

WORDS

模棱两可 móléng liǎngkě 성 애매모호하다 | 表态 biǎotài 동 태도를 표명하다 | 一而再，再而三 yī ér zài, zài ér sān 몇 번이고 되풀이하다 | 套话 tàohuà 동 (말로) 마음을 떠보다

+ 他的**套**路很深。 그의 꿍꿍이는 도가 지나쳐.
  Tā de tàolù hěn shēn.

套路 tàolù 몡 노림수, 계략(신조어)

+ 这是他的圈**套**。 이것은 그가 꾸민 음모(함정)야.
  Zhè shì tā de quāntào.

2 | 명사 | 계략, 책략

> 当面一**套**，背后一**套** 말하는 것과 하는 것이 다르다

A 너 도대체 지난 번에 무슨 떳떳하지 못한 짓을 한 거야?

你上一次究竟干了什么见不得人的事了?

Nǐ shàng yí cì jiūjìng gànle shénme jiànbudé rén de shì le?

개는 너와 다시는 엮이고 싶지 않다는데, 너는 겉과 속이 다른 인간쓰레기라고.

她说再也不想跟你有任何瓜葛，说你是一个 当面一**套**，背后一**套**的人渣。

Tā shuō zài yě bù xiǎng gēn nǐ yǒu rènhé guāgé, shuō nǐ shì yí ge dāngmiàn yí tào, bèihòu yí tào de rénzhā.

B 적반하장도 유분수지, 자기가 먼저 나에게 그런 짓을 해놓고 내가 인간쓰레기라고?

贼喊捉贼也要 适可而止，自己先对我做那种亏心事，她居然说我是人渣?

Zéihǎnzhuōzéi yě yào shìkě érzhǐ, zìjǐ xiān duì wǒ zuò nà zhǒng kuīxīn shì, tā jūrán shuō wǒ shì rénzhā?

WORDS

见不得人的事 jiànbudé rén de shì 몡 떳떳하지 못한 짓 | 瓜葛 guāgé 몡 얽힌 관계 | 人渣 rénzhā 몡 인간 쓰레기 | 适可而止 shìkě érzhǐ 성 적당한 정도에서 그치다 | 亏心事 kuīxīn shì 몡 양심에 거리끼는 일

说话一**套**一**套**的 말이 청산유수야

A 뭐라고? 휴학을 했어? 너 무슨 수를 써서라도 아들 휴학을 막는다고 했었잖아?

什么？休学了？你不是说想方设法也要阻止你儿子休学吗？

Shénme? Xiūxué le? Nǐ bú shì shuō xiǎngfāng shèfǎ yě yào zǔzhǐ nǐ érzi xiūxué ma?

B 말도 마! 왜 휴학을 하고 싶냐고 물었더니 말이 아주 청산유수야.

甭提了！我问他为什么要休学，他说话倒一套一套的。

Béng tí le! Wǒ wèn tā wèishénme yào xiūxué, tā shuōhuà dào yí tào yí tào de.

도저히 그의 고집을 꺾을 수가 없어, 결국 설득 당했어.

我实在拗不过他，结果我被他说服了。

Wǒ shízài niùbuguò tā, jiéguǒ wǒ bèi tā shuōfú le.

WORDS

想方设法 xiǎngfāng shèfǎ [성] 갖은 방법을 다하다 | 甭 béng [부] ~하지 마라 | 拗不过 niùbuguò [동] (성격, 의견 등을) 꺾을 수 없다 | 说服 shuōfú [동] 설득하다, 납득시키다

☆ **一而再，再而三** yī ér zài, zài ér sān 몇 번이나 계속해서

再三再四地强调 zàisān zài sì de qiángdiào 여러 번 강조하다

三番五次地出问题 sānfān wǔcì de chū wèntí 계속해서 문제가 생기다

他总是一而再，再而三地犯同样的错误。
Tā zǒngshì yī ér zài, zài ér sān de fàn tóngyàng de cuòwù.
그는 언제나 똑같은 실수를 몇 번씩 반복해서 저지른다.

☆ **下结论** xià jiélùn 결론을 짓다

难以下结论 nányǐ xià jiélùn 결론을 내리기가 힘들었다

没有力证不要轻易下结论。 확실한 증거가 없으면 함부로 결론을 내리지 마라.
Méiyǒu lìzhèng búyào qīngyì xià jiélùn.

☆ **当面一套，背后一套** dāngmiàn yí tào, bèihòu yí tào 말과 행동이 다르다

说一套做一套 shuō yí tào zuò yí tào 말하는 것과 하는 것이 다르다

☆ **贼喊捉贼** zéihǎnzhuōzéi 적반하장하다, 도둑이 도둑을 잡으라고 하다

恶人先告状 è'rén xiān gàozhuàng 적반하장하다

倒打一耙 dàodǎ yìpá 자기 잘못을 모르고 남을 비난하다

☆ **适可而止** shìkě érzhǐ (행위를) 적당한 정도에서 그치다

做事要适度。 뭘 하든 정도껏 해.
Zuòshì yào shìdù

说话要注意分寸。 말을 (주의해서) 정도껏 해.
Shuōhuà yào zhùyì fēncùn.

1 [개사] ~을/를 [예를 들 때 사용]

拿他的外貌**来说**　그의 외모를 놓고 말하자면

A 문광일이라는 그 사람 어떤 사람이야? 내일 그 사람 하고 선을 보거든…… 마음이 좀 불안해서.

文光一那个人怎么样？我明天跟他相亲……心里有点儿不踏实。
Wén Guāngyī nà ge rén zěnmeyàng? Wǒ míngtiān gēn tā xiāngqīn … xīnlǐ yǒudiǎnr bù tāshi.

B 이런 속담 알지? '하는 일마다 성공한다' 이 말이 가리키는 사람이 바로 그 사람이야.

你知道这个俗语吧？"行行出状元"，这句话指的就是他。
Nǐ zhīdào zhège súyǔ ba? "Háng háng chū zhuàngyuan", zhè jù huà zhǐ de jiùshì tā.

나도 성공한 사람이지만, 광일이라는 사람 앞에서는 그야말로 번데기 앞에서 주름잡는 셈이지.

我也是成功人士，但在他的面前，我简直是班门弄斧。
Wǒ yě shì chénggōng rénshì, dàn zài tā de miànqián, wǒ jiǎnzhí shì bānmén nòngfǔ.

그리고 외모를 놓고 말하자면…… 그러니까…… 어떻게 말하지……

然后，**拿**他的外貌**来说**吧……那个……怎么说呢……
Ránhòu, ná tā de wàimào lái shuō ba … nà ge … zěnme shuō ne …

이렇게 말하면 이해하겠네, 그는 친구들사이에서 외모 담당이야!

我这么说，你肯定会明白，他是朋友圈里的颜值担当！
wǒ zhème shuō, nǐ kěndìng huì míngbai, tā shì péngyou quān li de yánzhí dāndāng!

WORDS

踏实 tāshi [형] (마음이) 놓이다 | 行行出状元 háng háng chū zhuàngyuan 분야마다 장원이 나온다, 어떤 분야든 열심히만 하면 뛰어난 인재가 될 수 있다 | 班门弄斧 bānmén nòngfǔ [성] 공자 앞에서 문자 쓰다 | 颜值 yánzhí [명] 얼굴값, 뛰어난 외모

拿工作当挡箭牌 일 핑계를 대다

A 자기야! 정말 미안해!

亲爱的！真的对不起！
Qīn'ài de! Zhēn de duìbuqǐ!

양심에 손을 얹고 이야기하는데, 지금 회사에 처리해야 할 일이 많아서 나갈 수가 없어.

我摸着良心说话，现在公司有很多事情要处理，我实在走不开。
Wǒ mōzhe liángxīn shuōhuà, xiànzài gōngsī yǒu hěn duō shìqing yào chǔlǐ, wǒ shízài zǒu bu kāi.

넓은 마음으로 한 번만 용서해 줘! 제발~ 딱 이번 한 번만.

你大人有大量，就原谅我一次吧，拜托，就这一次。
Nǐ dàrén yǒu dàliàng, jiù yuánliàng wǒ yí cì ba, bàituō, jiù zhè yí cì.

B 자기가 이렇게까지 말하는데 어떻게 용서를 안 해줄 수가 있겠어?

你话都说到这个份儿上了，我怎么能不原谅呢？
Nǐ huà dōu shuōdào zhège fènr shàng le, wǒ zěnme néng bù yuánliàng ne?

하지만, 다음부터는 일 핑계대기 없기! 이번뿐이야, 다음엔 절대 안 봐줄 거야.

不过，下次不要拿工作当挡箭牌，仅此一次，下不为例。
Búguò, xià cì búyào ná gōngguò dàng dǎngjiànpái, jǐn cǐ yí cì, xiàbùwéilì

WORDS

大量 dàliàng 명 도량, 넓은 마음 | 挡箭牌 dǎngjiànpái 명 방패 | 下不为例 xiàbùwéilì 성 다음엔 봐주지 않겠다

표현 PLUS+

+ **我根本没拿你当朋友。** 나는 너를 전혀 친구로 생각하지 않아.
  Wǒ gēnběn méi ná nǐ dàng péngyou.
+ **别拿我开玩笑。** 나를 갖고 장난치지 마.
  Bié ná wǒ kāiwánxiào.

☆ **心里有点儿不踏实** xīnlǐ yǒudiǎnr bù tāshi 마음이 불안하다

心里有点儿不平衡 xīnlǐ yǒudiǎnr bù pínghéng 마음이 좀 억울하다

心里有点儿不甘心 xīnlǐ yǒudiǎnr bù gānxīn 별로 달갑지가 않다

心里不是滋味 xīnlǐ bú shì zīwèi 기분이 별로다

☆ **颜值** yánzhí 얼굴 값, 뛰어난 외모

我女朋友颜值很高。　내 여친은 매우 예쁘다.
Wǒ nǚ péngyou yánzhí hěn gāo.

☆ **摸着良心说话** mōzhe liángxīn shuōhuà 양심에 손을 얹고 말하다

凭良心说话 píng liángxīn shuōhuà 양심적으로 말하다

昧着良心说话 mèizhe liángxīn shuōhuà 양심을 속이며 말하다

= 背着良心说话 bèizhe liángxīn shuōhuà

☆ **大人有大量** dàrén yǒu dàliàng 군자는 도량이 넓다(넓은 마음으로 봐주세요)

大人不记小人过 dàrén bú jì xiǎorén guò 군자는 소인의 과실을 따지지 않는다
(한 번만 용서해 주세요!)

☆ **仅此一次，下不为例** 다음 번에는 절대 안 된다, 이번에만 이렇게 하는 것을 허락한다
jǐn cǐ yí cì, xiàbùwéilì

我回答你的问题仅此一次。　네 문제에 이번 한 번만 대답하겠어.
Wǒ huídá nǐ de wèntí jǐn cǐ yí cì.

就这一回，下不为例。　이 한 번으로 끝이야.
Jiù zhè yì huí, xiàbùwéilì.

1 개사 ~에

善**于**和别人套近乎 다른 사람과 친한 체를 잘하다

A 너는 모든 방법을 써서 문 회장님께 잘 좀 보여봐! 만약 성공하면 회사가 서운치 않게 해줄 거야.

你千方百计地去讨好那个文总，如果你成了，公司不会亏待你的。
Nǐ qiānfāng bǎijì de qù tǎohǎo nà ge Wén zǒng, rúguǒ nǐ chéng le, gōngsī bú huì kuīdài nǐ de.

이번 협상 결과에 우리 회사의 미래가 달렸어, 너만 믿는다!

这次谈判结果*直接关系到我们公司的未来，都*靠你了！
Zhè cì tánpàn jiéguǒ zhíjiē guānxì dào wǒmen gōngsī de wèilái, dōu kào nǐ le!

B 회사가 절 이렇게 믿어주시니 최선은 다 해볼게요, 하지만 결과는……

既然公司这么信任我，我只能尽力而为吧，但结果呢……
Jìrán gōngsī zhème xìnrèn wǒ, wǒ zhǐ néng jìnlì ér wéi ba, dàn jiéguǒ ne …

제가 다른 사람과 친한 체하는 걸 잘 못 한다는 거 아시잖아요.

您也知道我这个人不太善**于**和别人套近乎。
Nín yě zhīdào wǒ zhège rén bú tài shànyú hé biérén tàojìnhu.

어쨌든, 우리 운에 맡겨보시죠!

反正，我们*碰碰运气呗！
Fǎnzhèng, wǒmen pèngpeng yùnqi bei!

WORDS

千方百计 qiānfāng bǎijì 성 온갖 방법을 다하다 ｜ 讨好 tǎohǎo 동 비위를 맞추다 ｜ 亏待 kuīdài 동 푸대접하다 ｜ 尽力而为 jìnlì ér wéi 성 전력을 다하다 ｜ 套近乎 tàojìnhu 모르는 사람과 친하게 대하다

표현 PLUS+

+ 勇**于**承认错误 yǒngyú chéngrèn cuòwù 잘못을 인정하는 데 용감하다
（용감하게 잘못을 인정하다）

乐于助人 남을 돕는 데 기쁨을 느낀다

A 우리 남친 회사에서 비서를 찾고 있는데, 내가 다리 놓아줄게.

我男朋友的公司在物色一个助理，我给你牵线搭个桥吧。
Wǒ nán péngyou de gōngsī zài wùsè yí ge zhùlǐ, wǒ gěi nǐ qiānxiàn dā ge qiáo ba.

내 생각엔 이 일은 발전 가능성이 있어서,

我觉得，这份工作很有发展前景，
Wǒ juéde, zhè fèn gōngzuò hěn yǒu fāzhǎn qiánjǐng,

물론 내가 단언할 수는 없지만, 내 남친이 도와줄 거야.

当然，我还不敢打保票，但是我男朋友会帮你的。
dāngrán, wǒ hái bùgǎn dǎ bǎopiào, dànshì wǒ nán péngyou huì bāng nǐ de.

B 너무 고마워, 넌 마음씨가 따뜻해서 남을 돕는 걸 좋아하는 거 같아.

谢谢你，我看你有副热心肠儿，乐于助人。
Xièxie nǐ, wǒ kàn nǐ yǒu fù rèxīnchángr, lèyú zhù rén.

WORDS

物色 wùsè 통 물색하다, 찾다 | 前景 qiánjǐng 명 전망, 가능성 | 打保票 dǎ bǎopiào 통 보증하다, 단언하다 | 热心肠儿 rèxīnchángr 명 따뜻한 마음

弊大于利 득보다 실이 크다(단점이 장점보다 많다)

A 네 여친은 장소를 가리지 않고 너에게 들러붙어 있고, 걸핏하면 심한 요구나 하고,

你女朋友不分场合地黏着你，动不动就提过分的要求，
Nǐ nǚ péngyou bù fēn chǎnghé de niánzhe nǐ, dòngbudòng jiù tí guòfèn de yāoqiú,

너 그와 계속 사귀면 득보다 실이 커! 제3자가 보는 게 정확한 거야!

我看，你跟她继续在一起，弊大于利，当局者迷，旁观者清嘛！
wǒ kàn, nǐ gēn tā jìxù zài yìqǐ, bì dà yú lì, dāngjúzhěmí, pángguānzhěqīng ma!

B 네가 말하는 것들은 나도 잘 알지, 근데 걔에 대한 마음을 포기할 수가 없어.

你说的我都很清楚，但我放不下对她的感情。
Nǐ shuō de wǒ dōu hěn qīngchu, dàn wǒ fàng buxià duì tā de gǎnqíng.

黏 nián [형] 들러붙다 | 当局者迷，旁观者清 dāngjúzhěmí, pángguānzhěqīng 당사자보다 제3자가 잘 안다

표현 PLUS+

+ **利大于弊** lì dà yú bì 득이 실보다 크다
+ **血浓于水** xuè nóng yú shuǐ 피는 물보다 진하다

☆ 회화의 高手

☆ **A直接关系到B** A zhíjiē guānxì dào B A는 B에 직접적으로 관련된다

爸爸的行动直接影响到孩子的成长。
Bàba de xíngdòng zhíjiē yǐngxiǎng dào háizi de chéngzhǎng.
아빠의 행동은 아이의 성장에 직접적인 영향을 준다.

☆ **靠你了** kào nǐ le 너만 믿는다

这事儿就全指靠你了。 이 일은 너만 믿을게.
Zhè shìr jiù quán zhǐkào nǐ le.

一切都靠你了。 당신만 믿어요.
Yíqiè dōu kào nǐ le.

☆ **碰运气** pèngyùnqi 운에 맡기다

心存侥幸 xīn cún jiǎoxìng 요행수를 바라다, 운을 바라다

☆ **牵线搭桥** qiānxiàn dāqiáo 연결해 주다(다리를 놓아주다)

帮我牵个线吧。 다리 좀 놓아줘.
Bāng wǒ qiān ge xiàn ba.

帮我引见引见。 나에게 소개 좀 시켜줘.
Bāng wǒ yǐnjiàn yǐnjiàn.

❶ 동사 따르다

> 我只是**随**口一说 〔입을 따라〕 그냥 한 번 해본 말이야

A 너 일치감치 그 생각을 버리는 게 좋아, 네 수법에 안 넘어가거든!

你还是趁早打消这个念头吧，我才**不吃你这一套**！

Nǐ háishi chènzǎo dǎxiāo zhège niàntou ba, wǒ cái bù chī nǐ zhè yí tào!

'자기가 싫어하는 것은 남에게 강요하지 마라'. 너도 하기 싫은 일이면 남에게 강요하지 마.

"己所不欲，勿施于人"。既然是你自己也不想做的事，就别勉强别人。

"Jǐsuǒbúyù, wùshīyúrén". Jìrán shì nǐ zìjǐ yě bùxiǎng zuò de shì, jiù bié miǎnqiǎng biérén.

B 나는 그냥 한 번 해본 말인데, 이렇게 노발대발할 필요까지 있냐?

我只是**随**口一说，你何必这么大发雷霆呢？

Wǒ zhǐshì suíkǒu yì shuō, nǐ hébì zhème dàfā léitíng ne?

게다가, 넌 이전에 분명하게 태도를 밝히지도 않았잖아.

再说了，你之前明明没有明确地表个态呀。

Zài shuō le, nǐ zhīqián míngmíng méiyǒu míngquè de biǎo ge tài ya.

WORDS

勉强 miǎnqiǎng 동 억지로 시키다 형 내키지 않다 | 大发雷霆 dàfā léitíng 성 격노하다, 노발대발하다

❷ 동사 닮다, 비슷하다

> 他的眼睛**随**爸爸 그의 눈이 아빠를 닮았다

A 오늘은 제 아들 녀석의 백일 잔치입니다.

今天是我儿子的百日宴。

Jīntiān shì wǒ érzi de bǎi rì yàn.

제 체면을 보고 와서 성원해 주신 여러분께 진심으로 감사의 말씀 드립니다.

你们能[☆]赏脸来[☆]捧场，我衷心地表示感谢。

Nǐmen néng shǎngliǎn lái pěngchǎng, wǒ zhōngxīn de biǎoshì gǎnxiè.

B 아이가 정말 잘 생겼네요, 눈이 아빠를 닮았어요, 아주 붕어빵이네요.

孩子真帅，我看他的眼睛随爸爸，简直是[☆]一个模子里刻出来的。

Háizi zhēn shuài, wǒ kàn tā de yǎnjing suí bàba, jiǎnzhí shì yí ge múzi li kè chūlai de.

> **WORDS**

赏脸 shǎngliǎn 동 체면을 보아주다 | 捧场 pěngchǎng 동 성원하다 | 衷心 zhōngxīn 형 진심으로 | 模子 múzi 명 주형, 거푸집

3 동사 달려 있다, 마음대로 하게 하다

> 你随意 너는 마음대로 해, 편하게 해

A 몇 년 동안 저는 당신의 정성 어린 돌봄을 받았습니다. 이에 깊은 감사를 표합니다.

这几年，我[☆]蒙受了您无微不至的关照，在此表示诚挚的谢意。

Zhè jǐ nián, wǒ méngshòu le nín wúwēi búzhì de guānzhào, zài cǐ biǎoshì chéngzhì de xièyì.

제가 먼저 원샷으로 마음을 표현할 테니, 당신은 편하게 드세요.

我先干为敬，您随意。

Wǒ xiān gān wéi jìng, nín suíyì.

B 당신이 이렇게 말하니까 제가 부끄러워지잖아요.

你这么说，我就无地自容了。

Nǐ zhème shuō, wǒ jiù wúdì zìróng le.

오히려 당신의 한결 같은 열정이 회사에 큰 이익을 가져다 주었죠.

反而是你一如既往的热情给公司带来了巨大的利益。

Fǎn'ér shì nǐ yìrú jìwǎng de rèqíng gěi gōngsī dàilái le jùdà de lìyì.

> **WORDS**

蒙受 méngshòu 동 입다, 받다 | 无微不至 wúwēi búzhì 성 매우 세밀하고 두루 미치다 | 在此 zài cǐ 이에 | 诚挚 chéngzhì 형 우러나오는 | 先干为敬 xiān gān wéi jìng 원샷으로 존경을 표현하다 | 无地自容 wúdì zìróng 성 부끄러워 어쩔 줄 모르다

+ 去不去随你。 가든 말든 네 마음대로 해.
Qù bú qù suí nǐ.

☆ **不吃你这一套** bù chī nǐ zhè yí tào 네 수법에 안 넘어간다

你少来这一套。 수작 피우지 마.
Nǐ shǎo lái zhè yí tào.

☆ **赏脸** shǎngliǎn 체면을 봐주다

请你赏个脸收下。 체면을 봐서 받아주세요.
Qǐng nǐ shǎng ge liǎn shōuxià.

我请你吃饭，可以赏个脸吗？ 내가 밥 쏠 건데, 와줄 거지?
Wǒ qǐng nǐ chīfàn, kěyǐ shǎng ge liǎn ma?

☆ **捧场** pěngchǎng 성원하다, 응원하다

今天过来捧场一下！ 오늘 와서 성원 좀 해줘!
Jīntiān guòlái pěngchǎng yíxià!

☆ **一个模子里刻出来的** 하나의 거푸집에서 새겨 나오다, (어떤 사람·사물이) 꼭 닮다
yí ge múzi li kè chūlai de

像一个模子里刻出来的 xiàng yí ge múzi li kè chūlai de 한 판에 찍어낸 것 같다

那家的儿子和他爸爸简直是一个模子里刻出来的。
Nà jiā de érzi hé tā bàba jiǎnzhí shì yí ge múzi li kè chūlai de.
그 집 아들은 아버지와 붕어빵이다.

☆ **蒙受关照** méngshòu guānzhào 돌봄을 받다

蒙受损失 méngshòu sǔnshī 손해를 입다

蒙受不白之冤 méngshòu bùbáizhīyuān 억울한 누명을 쓰다

No 37. 冒 mào

1 [동사] 뿜어 나오다

> 大地似乎在冒烟 땅에서 연기가 나는 거 같다

A 사표 냈다고? (어이없음) 진짜 너 대단하다, 요즘 직장 잡는 게 얼마나 어려운지 몰라?

递交了辞呈？真服了你了，你不知道最近就业形势多严峻吗？

Dìjiāo le cíchéng? Zhēn fúle nǐ le, nǐ bù zhīdào zuìjìn jiùyè xíngshì duō yánjùn ma?

이 회사는 다들 꿈에서도 바라는 대기업이라고, 갈 회사는 있어?

这公司可是人人都梦寐以求的大企业，有下家了？

Zhè gōngsī kěshì rénrén dōu mèngmèiyǐqiú de dà qǐyè, yǒu xiàjiā le?

B 나라고 원해서 이러는 거 같냐? 내 말 좀 들어봐, 바로 어제 일이야.

你以为我愿意吗？你帮我评评理吧，就是昨天的事！

Nǐ yǐwéi wǒ yuànyì ma? Nǐ bāng wǒ píngpinglǐ ba, jiùshì zuótiān de shì!

어제 날씨가 엄청 더웠거든. 땅에서 연기가 날 정도로 더웠는데,

昨天天气非常热，热得大地似乎在冒烟，

Zuótiān tiānqì fēicháng rè, rè de dàdì sìhū zài mào yān,

회사가 어이없게 나 같은 고급 인력에게 밖에서 짐을 옮기라고 하잖아.

公司居然让我这高级人才在外边搬东西。

gōngsī jūrán ràng wǒ zhè gāojí réncái zài wàibian bān dōngxi.

WORDS

辞呈 cíchéng [명] 사직서 | 形势 xíngshì [명] 형세, 상황 | 严峻 yánjùn [형] 가혹하다, 심하다 | 梦寐以求 mèngmèiyǐqiú [성] 꿈에서도 바라다 | 评评理 píngpinglǐ [동] 시비를 가리다

+ **大酱汤还冒着热气呢。** 된장찌개에서 아직도 김이 올라온다.
  Dàjiàngtāng hái màozhe rèqì ne.

+ **你是从哪儿冒出来的?** 넌 어디서 튀어나온 거야?
  Nǐ shì cóng nǎr mào chūlai de?

+ **我突然冒出了一个想法。** 난 갑자기 생각이 떠올랐다.
  Wǒ tūrán màochū le yí ge xiǎngfǎ.

2 동사 (위험 등을) 무릅쓰다

冒着危险 위험을 무릅쓰다

A 이번 성공의 공을 문 사장님께 돌리고 싶습니다.

我要把这次的成功☆归功于文总的帮助和支持。
Wǒ yào bǎ zhè cì de chénggōng guīgōng yú Wén zǒng de bāngzhù hé zhīchí.

이 자리를 빌어 문 사장님께 여쭙고 싶습니다.

☆借此机会，我想问一下文总。
Jiè cǐ jīhuì, wǒ xiǎng wèn yíxià Wén zǒng.

그때 왜 위험을 무릅쓰고 제 프로젝트에 투자하신 거죠?

您当时为什么冒着危险投资我的项目?
Nín dāngshí wèishénme màozhe wēixiǎn tóuzī wǒ de xiàngmù?

B 전 그때 당시 당신의 포기할 줄 모르는 정신과 패기를 높이 평가했어요.

我当时很欣赏你坚持不懈的精神和你那骨气。
Wǒ dāngshí hěn xīnshǎng nǐ jiānchí búxiè de jīngshén hé nǐ nà gǔqì.

그래서 조금도 고민하지 않고 당신의 프로젝트에 투자하기로 결심했죠.

所以才☆毫不犹豫地下决心投资你的项目。
Suǒyǐ cái háo bù yóuyù de xià juéxīn tóuzī nǐ de xiàngmù.

WORDS

归功(于) guīgōng (yú) 동 공로를 ~에게 돌리다 | 坚持不懈 jiānchí búxiè 성 끈질기다 | 骨气 gǔqì 명 기개, 패기 |
毫不犹豫 háo bù yóuyù 조금도 주저하지 않다

+ 他**冒**着大雨来见我了。　그는 비를 무릅쓰고 나를 만나러 왔다.
　Tā màozhe dàyǔ lái jiàn wǒ le.

☆ **真服了你了** zhēn fúle nǐ le　너 진짜 대단하다 (내가 졌다)

你真够可以的。　너 진짜 짱이다. (비아냥거림)
Nǐ zhēn gòu kěyǐ de.

真有你的。　너 정말 대단하다. (칭찬)
Zhēn yǒu nǐ de.

☆ **你以为我愿意吗?**　나라고 원해서 이러는 거 같냐?
Nǐ yǐwéi wǒ yuànyì ma?

我也不乐意。　나도 마음이 내키지 않아.
Wǒ yě bú lèyì.

☆ **归功于···** guīgōng yú ···　~에게 공을 돌리다

把错误归咎于别人 bǎ cuòwù guījiù yú biérén　잘못을 남에게 돌리다

这次失败归因于计划不周。　이번 실패는 계획이 꼼꼼하지 않은 탓이다.
Zhè cì shībài guī yīn yú jìhuà bùzhōu.

☆ **借此机会** jiè cǐ jīhuì　이번 기회를 빌어서

我借此机会，向各位表示谢意。　이 자리를 빌어 관계자 여러분에게 감사의 뜻을 전합니다.
Wǒ jiè cǐ jīhuì, xiàng gèwèi biǎoshì xièyì.

☆ **毫不犹豫** háo bù yóuyù　조금도 주저하지 않고

毫无意义 háo wú yìyì　조금도 의미가 없다

No 38. 赶 gǎn

1 [동사] 뒤쫓다

A 문 사장님, 잠시 시간 좀 내주실 수 있으세요? 다른 곳(사람 없는 곳)으로 가서 말씀드려도 될까요?

文总，我可以占用您一点儿时间吗？ ……能借一步说话吗？

Wén zǒng, wǒ kěyǐ zhànyòng nín yìdiǎnr shíjiān ma? … Néng jiè yí bù shuōhuà ma?

이번 감원 해고자 명단에 왜 라오리우의 이름이 들어 있는지 말씀해 주실 수 있으세요?

这次裁员名单里，为什么有老刘的名字，您可以告诉我吗？

Zhè cì cáiyuán míngdān li, wèishénme yǒu Lǎo Liú de míngzi, nín kěyǐ gàosu wǒ ma?

B 일단 라오리우의 실적이 다른 동료들보다 못해, 그리고 …… 그의 사생활도 관련이 있어서 ……

首先，老刘的业绩赶不上其他同事，然后……这涉及到他的个人隐私……

Shǒuxiān, Lǎo Liú de yèjì gǎnbushàng qítā tóngshì, ránhòu … zhè shèjí dào tā de gèrén yǐnsī …

어쨌든 나도 충동적으로 결정한 거 아니야, 내 어려움도 이해해 주길 바라네.

反正我也不是一时冲动决定的，我希望你谅解一下我的苦衷。

Fǎnzhèng wǒ yě bú shì yìshí chōngdòng juédìng de, wǒ xīwàng nǐ liàngjiě yíxià wǒ de kǔzhōng.

WORDS

占用 zhànyòng [동] 차지하다, 점용하다 | 裁员 cáiyuán [동] 감원하다 | 涉及 shèjí [동] 관련되다, 미치다 | 苦衷 kǔzhōng [명] 고충, 어려움

표현 PLUS+

+ 他赶不上时代潮流。　그는 시대의 흐름을 쫓아가지 못한다.
  Tā gǎnbushàng shídài cháoliú.

② 동사 (시간 안에) 대다

> 我没**赶**上会议　나는 회의 시간을 놓쳤다

A 회사가 당신을 쫓아낸다는데 어떻게 이렇게 아무렇지도 않아요?

这次公司决定开除你，你怎么能这么**无动于衷**啊？
Zhè cì gōngsī juédìng kāichú nǐ, nǐ zěnme néng zhème wúdòngyúzhōng a?

B 호들갑 떨 필요 없어! 이건 다 내가 예상했던 일이야.

别一惊一乍的了，这可是我意料之中的事。
Bié yì jīng yí zhà de le, zhè kěshì wǒ yìliào zhī zhōng de shì.

지난 번에 중요한 회의에 참석 못했는데, 그때부터 사장이 날 보는 눈빛이 심상치 않더라고.

上次我没**赶**上重要的会议，从那时起，老板看我的眼神就不对劲儿了。
Shàngcì wǒ méi gǎnshàng zhòngyào de huìyì, cóng nà shí qǐ, lǎobǎn kàn wǒ de yǎnshén jiù bú duìjìnr le.

WORDS

无动于衷 wúdòngyúzhōng 성 아무런 느낌이 없다 | 一惊一乍 yì jīng yí zhà 형 화들짝 놀라다 | 不对劲儿 bú duìjìnr 이상하다, 심상치 않다

표현 PLUS+

+ 我跑得不够快，没**赶**上火车。　나는 달리기가 느려서 기차를 놓쳤다.
Wǒ pǎo de búgòu kuài, méi gǎnshàng huǒchē.

③ 동사 서두르다, 재촉하다

> 我得**赶**时间　내가 시간이 없어서

A 기사님, 엑셀을 세게 밟아 주세요, 제가 시간이 없어서요.

师傅，能不能猛踩油门，我得**赶**时间呢。
Shīfu, néng bu néng měng cǎi yóumén, wǒ děi gǎn shíjiān ne.

B 어디 말처럼 쉽겠어요? 차가 너무 막혀서 꼼짝 못하고 있잖아요.

谈何容易？这堵得死死的，动弹不得嘛。
Tánhéróngyì? Zhè dǔ de sǐsǐ de, dòngtan bude ma.

WORDS

油门 yóumén 명 가속 페달, 엑셀(러레이터) | 谈何容易 tánhéróngyì 말처럼 그렇게 쉽지 않다 | 动弹不得 dòngtan bude 움직일 수 없다

4 동사 내쫓다

被公司赶走了　회사에서 쫓겨나다

A 내가 회사에서 쫓겨났는데 너는 뜻밖에 사장 편을 들어?

我被公司赶走了，你居然向着老板说话？
Wǒ bèi gōngsī gǎnzǒu le, nǐ jūrán xiàngzhe lǎobǎn shuōhuà?

B 아니거든! 나는 상황만 보고 말하는 거야, 있는 그대로 말하는 거지, 사실만을 놓고…… 알겠냐?

没有啊！我对事不对人，实事求是，就事论事，懂吗？
Méiyǒu a! Wǒ duì shì bú duì rén, shíshì qiúshì, jiùshì lùnshì, dǒng ma?

WORDS

赶走 gǎnzǒu 동 쫓아내다, 내쫓다 | 实事求是 shíshì qiúshì 성 사실에 입각하여 진리를 추구하다 | 就事论事 jiùshì lùnshì 사실을 놓고 옳고 그름을 따지다

표현 PLUS+

+ **我把他轰走了。**　나는 그를 쫓아냈다. = **我把他撵走了。**
　Wǒ bǎ tā hōngzǒu le.　　　　　　　　　　Wǒ bǎ tā niǎnzǒu le.

☆ **借一步说话** jiè yí bù shuōhuà 자리를 옮겨서 이야기하다

请您回避一下。 자리 좀 피해주세요.
Qǐng nín huíbì yíxià.

☆ **一时冲动** yìshí chōngdòng 일시적인 충동으로

头脑一热，打了他一顿 tóunǎo yí rè, dǎle tā yí dùn 얼떨결에 그를 때렸다

☆ **无动于衷** wúdòngyúzhōng 아무런 느낌이 없다

你怎么这么淡定呢? 너 왜 이렇게 담담해?
Nǐ zěnme zhème dàndìng ne?

☆ **谈何容易** tánhéróngyì 말처럼 쉽겠는가?

说得真轻巧啊。 말 참 쉽게 하네.
Shuō de zhēn qīngqiǎo a.

☆ **向着老板说话** xiàngzhe lǎobǎn shuōhuà 사장님 편을 들다

= 替老板说话 tì lǎobǎn shuōhuà

1 동사 (시간을) 지연시키다

不宜久拖 (시간을) 너무 오래 끌면 좋지 않다

A 당신이 저를 생각해서 자리를 하나 빼놓아 주신 거 잘 알아요.

我也知道您是为我着想才给我留下了这个名额。
Wǒ yě zhīdào nín shì wèi wǒ zhuóxiǎng cái gěi wǒ liúxià le zhège míng'é.

하지만 2천만 원이 적은 금액이 아니니 일단 돌아가서 잘 생각해 보도록 할게요.

但是，两千万也不是小数目，我还得回去好好儿考虑。
Dànshì, liǎng qiānwàn yě bú shì xiǎo shùmù, wǒ hái děi huíqù hǎohāor kǎolǜ.

B 그렇게 하세요, 근데 최대한 빨리 생각하세요, 이 일은 너무 끌면 안 되거든요.

没问题，不过希望您尽快考虑，这个事情也不宜久拖。
Méi wèntí, búguò xīwàng nín jǐnkuài kǎolǜ, zhège shìqing yě bùyí jiǔ tuō.

WORDS

着想 zhuóxiǎng 동 (남이나 일의 이익을) 고려하다, 염두하다 | 名额 míng'é 명 인원수, 정원 | 数目 shùmù 명 금액 |
不宜 bùyí 동 적합하지 않다

표현 PLUS+

+ **拖得太久了** tuō de tài jiǔ le 너무 오랫동안 (시간을) 지연시키다
+ **别拖拖拉拉的。** 꾸물거리지 마.
  Bié tuōtuōlālā de.

2 동사 **끌어당기다**

拖你**后腿**的 네 앞길을 가로 막는다

A 표정이 왜 이래? 세상 모든 사람이 너에게 빚이라도 진 거처럼.

这是什么表情啊？好像所有人都欠你似的。

Zhè shì shénme biǎoqíng a? Hǎoxiàng suǒyǒu rén dōu qiàn nǐ shìde.

내가 들어와서 네 앞길이라도 막을까 봐 걱정돼서 그러는 거야?

你是不是在担心我加入后会**拖**你**后腿**啊？

Nǐ shì bu shì zài dānxīn wǒ jiārù hòu huì tuō nǐ hòutuǐ a?

정말 그런 거라면 안심해, 난 결코 예전의 내가 아니라고.

确实如此的话，你放一万个心，我已不是当年的我了。

Quèshí rúcǐ dehuà, nǐ fàng yíwàn ge xīn, wǒ yǐ bú shì dāngnián de wǒ le.

B 무슨 말이야? 네가 우리 팀에 와주면 난 너무 좋지!

瞧您说的，你能加入我的团队，我**高兴**还来**不及**呢！

Qiáo nín shuō de, nǐ néng jiārù wǒ de tuánduì, wǒ gāoxìng hái láibují ne!

오해하지 마! 다른 일 때문에 걱정이 좀 돼서 그래.

可别误会了，我是因为别的事心烦着呢。

Kě bié wùhuì le, wǒ shì yīnwèi bié de shì xīnfán zhe ne.

WORDS

拖后腿 tuō hòutuǐ 방해하다, 못하게 가로막다 ｜ 瞧 qiáo 동 보다, 구경하다 ｜ 心烦 xīnfán 형 (마음이) 답답하다

☆ **为……着想** wèi … zhuóxiǎng ~를 위해 고려하다, 염두에 두다

我是**为**你**着想**才劝你少喝酒的。　나는 널 생각해서 술 적게 마시라고 권하는 거야.
Wǒ shì wèi nǐ zhuóxiǎng cái quàn nǐ shǎo hē jiǔ de.

☆ **拖后腿** tuō hòutuǐ 길을 막다

有人对你下绊子 yǒu rén duì nǐ xià bànzi 누군가가 너의 발을 걸다

我不会成为你的绊脚石。　나는 너의 걸림돌이 되지 않을 거야.
Wǒ bú huì chéngwéi nǐ de bànjiǎoshí.

› 绊脚石 bànjiǎoshí 명 걸림돌, 방해물

☆ **瞧您说的** qiáo nín shuō de 무슨 말씀이세요! (그런 말씀 마세요)

哪里的话！　별말씀을 다 하시네요!
Nǎlǐ de huà!

您言重了！　과찬의 말씀이십니다, 별말씀을요!
Nín yánzhòng le!

话可不能这么说。　말씀을 그렇게 하시면 안 됩니다.
Huà kě bù néng zhème shuō.

☆ **高兴还来不及呢** gāoxìng hái láibují ne 너무 기쁘다

我为什么生气? **高兴还来不及呢**。　내가 왜 화가 나? 기뻐해도 시원찮을 판에.
Wǒ wèishénme shēngqì? Gāoxìng hái láibují ne.

No 40. 配 pèi

❶ 동사 배합하다, 곁들이다

<u>配</u>上围巾　스카프를 곁들이다(같이 코디하다)

A 너도 참 너무 감각이 뒤떨어지는 거 아니니? 내가 볼 때 옷에 포인트가 없어.

你也太out了吧！我说你这件衣服没有亮点。
Nǐ yě tài out le ba! Wǒ shuō nǐ zhè jiàn yīfu méiyǒu liàngdiǎn.

자! 빨간 스카프를 곁들이면 봐봐, 완벽하지! 이런 걸 환상의 조합이라고 하는거야!

来！再<u>配</u>上一条红色的围巾，你看，太完美了，这才叫绝配！
Lái! Zài pèi shàng yì tiáo hóngsè de wéijīn, nǐ kàn, tài wánměi le, zhè cái jiào jué pèi!

B 역시 디자이너야~ 이렇게 입으니까 정말 예쁘다, 기분이 갑자기 좋아지는 걸.

不愧是服装设计师！这么穿真漂亮，我情绪突然high了起来。
Búkuì shì fúzhuāng shèjì shī! Zhème chuān zhēn piàoliang, wǒ qíngxù tūrán high le qǐlai.

WORDS

Out 시대에 뒤떨어지다 | 亮点 liàngdiǎn 명 포인트 | 绝配 jué pèi 환상의 조합 | High 기분이 좋다

표현 PLUS+

+ 视频<u>配</u>上音乐 shìpín pèi shàng yīnyuè　영상에 음악을 넣다
+ <u>配</u>上葱吃 pèi shàng cōng chī　파를 곁들여 함께 먹다

2 [동사] 어울리다

根本不配做我闺蜜 내 절친이 될 자격이 전혀 없어

A 너 줄곧 걔를 절친으로 대했잖아, 너 혹시 체면 때문에 사과를 못하는 거야?

你可是一直拿人家当闺蜜的，你拉不下脸跟她道歉吧？
Nǐ kěshì yìzhí ná rénjiā dàng guīmì de, nǐ lā buxià liǎn gēn tā dàoqiàn ba?

우리는 한반 친구라서 매일 만나야 하잖아, 얼른 사과해!

我们可是一个班的同学，低头不见抬头见嘛，赶紧跟她道歉吧！
Wǒmen kěshì yí ge bān de tóngxué, dītóu bújiàn táitóu jiàn ma, gǎnjǐn gēn tā dàoqiàn ba!

B 절친은 개뿔! 걔는 내 절친이 될 자격이 전혀 없어, 이번에 걔는 나를 정말 실망시켰어!

闺蜜个屁！她根本不配做我闺蜜，这一次她太让我寒心了！
Guīmì ge pì! Tā gēnběn bú pèi zuò wǒ guīmì, zhè yí cì tā tài ràng wǒ hánxīn le!

WORDS

闺蜜 guīmì [명] 매우 친한 친구, '闺中密友'의 준말 | 拉不下脸 lā buxià liǎn 체면 때문에 차마 ~하지 못하다 | 寒心 hánxīn [동] 실망하다, 낙심하다

3 [동사] 어울리다

实在配不上她 도저히 그녀에게 어울리지 않아

A 내가 아는 걔라면 절대 너를 거절 안 할 거야, 그러니까 용기 내서 고백해 봐!

以我对她的了解，她绝不会拒绝你的，所以你鼓起勇气去表白吧！
Yǐ wǒ duì tā de liǎojiě, tā jué bú huì jùjué nǐ de, suǒyǐ nǐ gǔqǐ yǒngqì qù biǎobái ba!

B 아니야 됐어! 걔는 우리반 여신이야, 나는 날 잘 알아.

还是算了吧，她可是我们班的女神，我太知道我有几斤几两重了。
Háishi suàn le ba, tā kěshì wǒmen bān de nǚshén, wǒ tài zhīdào wǒ yǒu jǐ jīn jǐ liǎng zhòng le.

나는 그녀에게 어울리지 않아, 그녀는 내게 너무 과분해!

我实在配不上她，她呢，我高攀不起！
Wǒ shízài pèi bu shàng tā, tā ne, wǒ gāopān bu qǐ!

鼓起勇气 gǔqǐ yǒngqì 용기를 내다 | 配不上 pèi bu shàng 어울리지 않다 | 高攀不起 gāopān bu qǐ 넘볼 수가 없다, 과분하다

☆ **太 out 了** tài out le 너무 시대에 뒤떨어지다

High 기분이 좋아지다

用电脑 P 一下 yòng diànnǎo P yíxià 컴퓨터로 포토샵 해주세요

小 case xiǎo case (이 정도는) 별거 아니야

☆ **低头不见抬头见** dītóu bújiàn táitóu jiàn 자주 얼굴을 부딪치다

= **抬头不见低头见** táitóu bújiàn dītóu jiàn

☆ **……个屁** … ge pì ~는 개뿔!

懂个屁！   알기는 개뿔, 쥐뿔도 모르면서~!
Dǒng ge pì!

爱个屁！   사랑은 개뿔, 사랑 같은 소리 하고 있네!
Ài ge pì!

☆ **几斤几两** jǐ jīn jǐ liǎng 주제, (자신의) 수준

不知道自己几斤几两 bù zhīdào zìjǐ jǐ jīn jǐ liǎng (자기) 주제를 모르다

自不量力 zìbúliànglì 자기 주제 파악을 못하다

이것만은 꼭 기억하기!

No 31. 盯 dīng

❶ 동사 **시선을 한 곳에 집중하다, 주시하다**
帮我盯着点儿 나 대신 좀 봐줘

❷ 동사 **감시하다**
把我盯得太紧了 나를 너무 심하게 감시(관여)한다

No 32. 托 tuō

❶ 동사 **받치다, 고이다**
两手托腮陷入沉思 두 손으로 뺨을 받치고 생각에 잠기다

❷ 동사 **부탁하다**
受朋友之托 친구의 부탁을 받아서

❸ 동사 **덕을 입다**
托您的福 당신 덕분에

No 33. 套 tào

❶ 동사 **교묘하게 얻어내다**
套他的话 그의 마음을 떠보다

❷ 명사 **계략, 책략**
当面一套，背后一套 말하는 것과 하는 것이 다르다

❸ 양사 **세트**
说话一套一套的 말이 청산유수야

No 34. 拿 ná

❶ 개사 **~을/를** [예를 들 때 사용]
拿他的外貌来说 그의 외모를 놓고 말하자면

❷ 개사 **~을/를**
拿工作当挡箭牌 일 핑계를 대다

No 35. 于 yú

① 개사 ~에
善于和别人套近乎 다른 사람과 친한 체를 잘하다

② 개사 ~(방면)에
乐于助人 남을 돕는 데 기쁨을 느낀다

③ 개사 ~보다
弊大于利 득보다 실이 크다(단점이 장점보다 많다)

No 36. 随 suí

① 동사 따르다
我只是随口一说 (입을 따라) 그냥 한 번 해 본 말이야

② 동사 닮다, 비슷하다
他的眼睛随爸爸 그의 눈이 아빠를 닮았다

③ 동사 달려 있다, 마음대로 하게 하다
你随意 너는 마음대로 해, 편하게 해

No 37. 冒 mào

① 동사 뿜어 나오다
大地似乎在冒烟 땅에서 연기가 나는 거 같다

② 동사 (위험 등을) 무릅쓰다
冒着危险 위험을 무릅쓰다

No 38. 赶 gǎn

① 동사 뒤쫓다
业绩赶不上其他同事 실적이 다른 동료보다 못하다

② 동사 (시간 안에) 대다
我没赶上会议 나는 회의 시간을 놓쳤다

③ 동사 서두르다, 재촉하다
我得赶时间 내가 시간이 없어서

④ 동사 내쫓다
被公司赶走了 회사에서 쫓겨나다

No 39. 拖 tuō

① 동사 (시간을) 지연시키다
不宜久拖 (시간을) 너무 오래 끌면 좋지 않다

② 동사 끌어당기다
拖你后腿的 네 앞길을 가로 막는다

No 40. 配 pèi

① 동사 배합하다, 곁들이다
配上围巾 스카프를 곁들이다(같이 코디하다)

② 동사 어울리다
根本不配做我闺蜜 내 절친이 될 자격이 전혀 없어

③ 동사 어울리다
实在配不上她 도저히 그녀에게 어울리지 않아

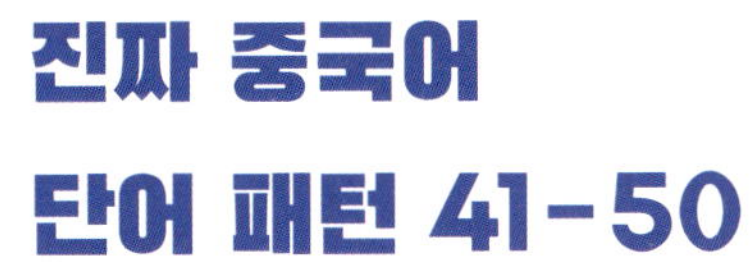

No 41. 凑 còu

No 42. 融 róng

No 43. 长 zhǎng

No 44. 混 hùn

No 45. 亏 kuī

No 46. 所 suǒ

No 47. 偏 piān

No 48. 起 qǐ

No 49. 嫌 xián

No 50. 扯 chě

 1 [동사] 모으다

凑钱买礼物 돈을 모아 선물을 사다

A 처음 방문하는 건데 무슨 염치로 빈손으로 가냐? 최소한 성의라도 표시해야겠지?

头一次登门拜访，怎么好意思空手去呢？总得意思意思吧？

Tóu yí cì dēngmén bàifǎng, zěnme hǎoyìsi kōngshǒu qù ne? Zǒng děi yìsi yìsi ba?

B 그렇긴 하지! 그럼 작은 선물이라도 사서 마음을 표시하자.

那倒也是！买一个小礼物给他聊表心意吧。

Nà dào yě shì! Mǎi yí ge xiǎo lǐwù gěi tā liáo biǎo xīnyì ba.

근데, 내가 요즘 형편이 어려워서, 아니면 우리 돈을 모아서 선물 사는 게 어때?

不过，我最近手头有点儿拮据，要不咱们凑钱买礼物怎么样？

Búguò, wǒ zuìjìn shǒutóu yǒudiǎnr jiéjū, yàobù zánmen còuqián mǎi lǐwù zěnmeyàng?

WORDS

登门拜访 dēngmén bàifǎng [동] 친히 방문하다 | 聊表 liáo biǎo 조금이나마 나타내다, 약간 표시하다 | 拮据 jiéjū [형] 경제 형편이 곤란하다

표현 PLUS+

+ 凑足了人数 còuzú le rénshù 사람 수를 다 채웠다(모았다)
+ 凑够了一百块钱 còu gòu le yìbǎi kuài qián 백위안을 다 모았다

凑合着吃 아쉬운 대로 대충 먹어라

A 이 식당 음식 소문 났다고 했지? 사람들 칭찬이 자자하다며?

你不是说这家餐厅口碑好，人们都对这儿的菜赞不绝口吗？
Nǐ bú shì shuō zhè jiā cāntīng kǒubēi hǎo, rénmen dōu duì zhèr de cài zànbùjuékǒu ma?

내가 보기엔 그저 그런 거 같은데, 서비스도 별로 좋지 않고.

我倒觉得不过如此啊，服务也没那么周到。
Wǒ dào juéde bú guò rúcǐ a, fúwù yě méi nàme zhōudào.

B 내가 보기엔 넌 너무 흠잡는 걸 좋아해, 일부러 트집 잡는 거잖아?

你这个人太爱挑剔了，这不是找茬儿吗？
Nǐ zhège rén tài ài tiāoti le, zhè bú shì zhǎochár ma?

일단 아쉬운 대로 대충 먹고 조금 있다가 야식 먹자.

我们先凑合着吃，然后晚点儿再吃夜宵吧。
Wǒmen xiān còuhe zhe chī, ránhòu wǎndiǎnr zài chī yèxiāo ba.

WORDS

口碑 kǒubēi 명 소문 | 赞不绝口 zànbùjuékǒu 칭찬이 끊이지 않는다 | 不过如此 bú guò rúcǐ 그저 그렇다 | 周到 zhōudào 형 빈틈이 없다 | 挑剔 tiāoti 동 트집 잡다 | 找茬儿 zhǎochár 동 트집 잡다

☆ **怎么好意思** zěnme hǎoyìsi 무슨 염치로(제가 어떻게…)

我**怎么好意思**收这份礼物呢？　제가 무슨 염치로 이 선물을 받나요?
Wǒ zěnme hǎoyìsi shōu zhè fèn lǐwù ne?

☆ **意思意思** yìsi yìsi 뒷돈이나 작은 선물

给有关职员**意思意思**　관계 직원에게 뒷돈을 주다
gěi yǒuguān zhíyuán yìsi yìsi

意思意思就行了。　마음만 받을게.(=) 마음이면 충분해.(=) 넣어둬 넣어둬.
Yìsi yìsi jiù xíng le.

☆ **手头有点儿拮据** shǒutóu yǒudiǎnr jiéjū 경제적으로 힘들다, 형편이 좀 빠듯하다

= **手头有点儿紧** shǒutóu yǒudiǎnr jǐn

☆ **凑合着** còuhe zhe 아쉬운 대로(대충)

他长得还**凑合**。　그는 생긴 게 그럭저럭 괜찮다.
Tā zhǎng de hái còuhe.

将就着穿。　아쉬운 대로 대충 입어.
Jiāngjiu zhe chuān.

将就将就。　아쉬운 대로 대충 하자.
Jiāngjiu jiāngjiu.

No 42. 融 róng

1 [형용사] **어우러지다, 화합하다**

> 大家欢聚一堂，其乐融融　모두 한자리에 모여 화기애애하다

A 네가 아는 바와 같이, 처음엔 모두 한자리에 모여 화기애애하고 기뻤는데,

☆如你所知，刚开始大家欢聚一堂，确实其乐融融，特别开心，
Rú nǐ suǒ zhī, gāng kāishǐ dàjiā huānjù yì táng, quèshí qí lè róngróng, tèbié kāixīn,

근데 사람들이 '사람 속은 모르는 거'라고들 하잖아.

但是，人家说 "☆知人知面不知心" 嘛。
dànshì, rénjiā shuō "zhī rén zhī miàn bù zhī xīn" ma.

알고보니 목적이 있는 파티였어, 무슨 계약서 같은데 사인을 하라고 강요하더라고.

原来这是鸿门宴，他逼我们签什么合同。
Yuánlái zhè shì hóngményàn, tā bī wǒmen qiān shénme hétóng.

B 아 그런거였구나!? 어쩐지 파티에 참석했던 사람들이 다 그와 관계를 끊는다고 하더라고.

原来如此啊！怪不得参加那次派对的人都说要跟他断绝关系。
Yuánlái rúcǐ a! Guàibude cānjiā nà cì pàiduì de rén dōu shuō yào gēn tā duànjué guānxì.

WORDS

欢聚一堂 huānjù yì táng [성] 즐겁게 한자리에 모이다 | 其乐融融 qí lè róngróng 매우 즐겁다 | 鸿门宴 hóngményàn [명] 초청객을 모해할 목적으로 차린 파티, 연회(B.C206년 항우가 유방을 모해하려고 홍문 즉, 지금의 산시성 린둥현에서 연회를 벌였던 일에서 유래함) | 断绝 duànjué [동] 단절하다, 끊다

표현 **PLUS+**

+ 气氛融洽 qìfēn róngqià 분위기가 좋다
+ 感情融洽 gǎnqíng róngqià 사이가 좋다
+ 配合融洽 pèihé róngqià 손발이 아주 잘 맞는다

融为一体 혼연일체(하나)가 되다

A 회사에서는 상사 눈치 봐야 하지, 집에서는 와이프 시중들어야 하지.

在公司得看上司的脸色，在家还得伺候老婆。
Zài gōngsī děi kàn shàngsi de liǎnsè, zài jiā hái děi cìhou lǎopo.

이건 그야말로 악순환이라고, 알아? 나 곧 멘붕이 올 거 같아!

这简直是恶性循环，你知道吗？我的精神快要崩溃了！
Zhè jiǎnzhí shì èxìng xúnhuán, nǐ zhīdào ma? Wǒ de jīngshén kuàiyào bēngkuì le!

이 스트레스를 어떻게 하면 줄일 수 있을까? 좀 알려줘!

这压力该怎么做才能减轻呢？你给我出出主意吧！
Zhè yālì gāi zěnme zuò cái néng jiǎnqīng ne? Nǐ gěi wǒ chūchu zhǔyi ba!

B 아니면 바닷가에 가서 기분 전환 좀 해!

要不，你去海边散散心吧！
Yàobù, nǐ qù hǎi biān sànsanxīn ba!

대자연과 하나가 되면 너의 그 스트레스들은 너도 모르게 사라져 버릴 거야.

跟大自然融为一体，你的那些压力会烟消云散的。
Gēn dàzìrán róng wéi yìtǐ, nǐ de nàxiē yālì huì yānxiāo yúnsàn de.

WORDS

看脸色 kàn liǎnsè 눈치를 보다 | 伺候 cìhou 동 시중을 들다 | 恶性循环 èxìng xúnhuán 악순환 | 崩溃 bēngkuì 동 붕괴하다 | 减轻 jiǎnqīng 동 덜다, 줄이다 | 散心 sànxīn 동 기분전환을 하다 | 烟消云散 yānxiāo yúnsàn 성 사라지다

☆ **如你所知** rú nǐ suǒ zhī 네가 아는 것과 같다

  如你所见 rú nǐ suǒ jiàn 네가 본 바와 같다

☆ **知人知面不知心** zhī rén zhī miàn bù zhī xīn 사람 마음은 알 수 없다

  人心隔肚皮 rénxīn gé dùpí 사람 마음은 헤아릴 수 없다

  人心叵测 rénxīn pǒcè 사람 마음은 예측하기 어렵다

☆ **散散心** sànsanxīn 기분 전환을 좀 하다

  兜兜风 dōudoufēng 바람을 쐬다, 드라이브하다

1 [동사] 증가하다

长记性　(어떤 일을 통해) 교훈을 얻다

A (지난 일을) 교훈 좀 삼으라고, 지난 번 협상의 교훈이 분명하지 않았어?

长点儿记性！上一次合作的教训还不够明显吗？
Zhǎng diǎnr jìxing! Shàng yí cì hézuò de jiàoxùn hái búgòu míngxiǎn ma?

절대 상대 회사에게 끌려 다니면 안 된다고.

千万别被对方公司牵着鼻子走，
Qiānwàn bié bèi duìfāng gōngsī qiānzhe bízi zǒu,

우리가 피동적으로 변할수록 상대방은 요구 사항이 많아지고, 그들은 계속해서 욕심을 내게 될 거야.

如果我们越被动，对方的要求就越多，然后他们还会得寸进尺的。
rúguǒ wǒmen yuè bèidòng, duìfāng de yāoqiú jiù yuè duō, ránhòu tāmen hái huì décùn jìnchǐ de.

B 말 참 쉽게 한다, 이론적으로는 네 말이 맞는데, 협상을 할 때 그 정도를 지키기가 어렵다고!

你说得可真轻巧啊，理是这么个理，但谈判的时候难把握那个度啊！
Nǐ shuō de kě zhēn qīngqiǎo a, lǐ shì zhème ge lǐ, dàn tánpàn de shíhou nán bǎwò nàge dù a!

WORDS

牵着鼻子走 qiānzhe bízi zǒu 끌고 다니다 | 得寸进尺 décùn jìnchǐ [성] 욕심에는 한이 없다 | 轻巧 qīngqiǎo [형] 간단하다, 수월하다

표현 PLUS+

+ 长点儿心眼儿 zhǎng diǎnr xīn yǎnr (뭘 할 때) 생각 좀 하다
+ 你真是长本事了。　너 많이 컸네.
　　Nǐ zhēnshi zhǎng běnshi le.

经一事，长一智 일을 경험하면 지혜가 늘어난다(생기다)

A 절대 스스로 제자리 걸음만 하고 성과가 없다고 생각하지 마.

你可千万别觉得自己没有任何成果，只是原地踏步。

Nǐ kě qiānwàn bié juéde zìjǐ méiyǒu rènhé chéngguǒ, zhǐshì yuán dì tàbù.

'일을 경험하면 또 하나의 지혜가 생긴다'고 하잖아.

人家都说"经一事，长一智"嘛。

Rénjiā dōu shuō "jīng yí shì, zhǎng yí zhì" ma.

넘어진 곳에서 다시 일어나! 다음 번에는 너 반드시 성공할 거야!

你从哪里跌倒就从哪里爬起来吧，下次你一定会成功的！

Nǐ cóng nǎlǐ diēdǎo jiù cóng nǎlǐ pá qǐlai ba, xià cì nǐ yídìng huì chénggōng de!

B 네 말대로 이루어지길! 어쨌든 네 말들이 나에게 엄청난 에너지를 가져다 줬어.

托你吉言，反正你说的这些话给了我很大的力量，

Tuō nǐ jíyán, fǎnzhèng nǐ shuō de zhèxiē huà gěile wǒ hěn dà de lìliàng,

나는 절대 포기하지 않아, 성공할 그 때까지 계속 도전할 거야!

我绝不打退堂鼓，我会坚持到成功的那一刻为止。

wǒ jué bù dǎ tuìtánggǔ, wǒ huì jiānchí dào chénggōng de nà yíkè wéizhǐ.

WORDS

跌倒 diēdǎo 통 걸려 넘어지다 | 打退堂鼓 dǎ tuìtánggǔ 성 중도에 물러나다, 중도에 그만두다

☆ **被……牵着鼻子走** bèi … qiānzhe bízi zǒu ~에게 끌려다니다

他对你百依百顺。　그는 너에게 순종적이다.
Tā duì nǐ bǎiyī bǎishùn.

你对他唯唯诺诺。　너는 그에게 무조건 승락하지.
Nǐ duì tā wéiwéinuònuò.

☆ **理是这么个理** lǐ shì zhème ge lǐ 이론적으로는 맞다

话糙理不糙。　말은 거칠어도 도리는 분명하다.
Huà cāo lǐ bù cāo.

☆ **原地踏步** yuán dì tàbù 제자리 걸음을 하다

停滞不前 tíngzhì bù qián 정체되어 나가지 못하다

☆ **经一事，长一智** jīng yí shì, zhǎng yí zhì 경험을 통해 지혜가 늘다

吃一堑，长一智。　좌절을 당하면 현명해진다.
Chī yí qiàn, zhǎng yí zhì.

☆ **托你吉言** tuō nǐ jíyán 당신 말대로 이루어지길 바라다

借你吉言，我一定会成功的。　네 축복대로 나는 꼭 성공할 거야.
Jiè nǐ jíyán, wǒ yídìng huì chénggōng de.

但愿如此吧！　네 말처럼 그렇게 되기만을 바라!
Dàn yuàn rúcǐ ba!

☆ **동사 + 到** dào **+ 결과 + 为止** wéizhǐ ~할 때까지

我改到客户满意为止。　나는 고객이 만족할 때까지 수정한다.
Wǒ gǎidào kèhù mǎnyì wéizhǐ.

No 44. 混 hùn

1 동사 **그럭저럭 살아가다**

不能混日子 대충 살아가면 안 된다

A 너도 이제 나이가 적지 않은데, 직업도 없이 매일 이렇게 빈둥거리고 놀기만 하냐?

你现在也老大不小了，怎么整天都不务正业，游手好闲呢？
Nǐ xiànzài yě lǎodà bùxiǎo le, zěnme zhěngtiān dōu bú wù zhèngyè, yóushǒu hàoxián ne?

충고하는데, 너 이렇게 대충 살아가면 안 돼, 나중에 후회할 거야!

奉劝你一句，你不能这么混日子，到时候会后悔的！
Fèngquàn nǐ yí jù, nǐ bù néng zhème hùn rìzi, dào shíhou huì hòuhuǐ de!

난 널 좋은 친구라고 생각해서 충고하는 거야.

我把你当成我的好哥们儿，所以才劝你的。
Wǒ bǎ nǐ dàngchéng wǒ de hǎo gēmenr, suǒyǐ cái quàn nǐ de.

B 대단히 고맙네! 근데 정작 나는 괜찮은데 네가 너무 조급해하지 않아도 돼!

感谢之至！不过，你就别皇上不急太监急了！
Gǎnxiè zhī zhì! Búguò, nǐ jiù bié huángshang bù jí tàijiàn jí le!

이건 대충 사는 게 아니고 충전이라고 하는 거야, 나도 다 생각이 있다고!

这可不是混日子，这叫做充电，我心里也有数！
Zhè kě bú shì hùn rìzi, zhè jiàozuò chōngdiàn, wǒ xīnlǐ yě yǒushù!

老大不小 lǎodà bùxiǎo 다 크다 ｜ 不务正业 bú wù zhèngyè 직업에 종사하지 않다 ｜ 游手好闲 yóushǒu hàoxián
성 하는 일 없이 빈둥거리다 ｜ 之至 zhī zhì 매우, 지극히 ｜ 皇上不急太监急 huángshang bù jí tàijiàn jí 황제는 괜찮은데 신하들이 조급해하다

没**混**出个名堂　아무런 성과도 이루지 못하다

A 너 왜 갑자기 베이징을 떠나기로 한 거야? 무슨 문제라도 생긴거야?

你怎么突然就决定要离开北京了呢？遇到了什么事吗？
Nǐ zěnme tūrán jiù juédìng yào líkāi Běijīng le ne? Yùdào le shénme shì ma?

너 절대 생각나는 대로 행동하지 말고 심사숙고해야 해.

你可千万别想一出是一出啊，应该三思而后行。
Nǐ kě qiānwàn bié xiǎng yì chū shì yì chū a, yīnggāi sānsī érhòu xíng.

B 내 능력은 더 이상 써먹을 곳이 없는 거 같아서.

我看我的能力再也没有用武之地了。
Wǒ kàn wǒ de nénglì zài yě méiyǒu yòngwǔ zhī dì le.

10년간 계속 실패만 하고 아무런 성과도 이루지 못했잖아.

这十年来一而再，再而三地失败，没**混**出个名堂嘛。
Zhè shí nián lái yī ér zài, zài ér sān de shībài, méi hùnchū ge míngtang ma.

난 정말이지 도저히 못해 먹겠어.

我实在**混**不下去了。
Wǒ shízài hùn bu xiàqu le.

WORDS

三思而后行 sānsī érhòu xíng 심사숙고하고 행하다 ｜ 用武之地 yòngwǔ zhī dì 자신의 재능을 보여줄 곳 ｜ 一而再，再而三 yī ér zài, zài ér sān 몇 번이고 되풀이하여 ｜ 名堂 míngtang 명 성과, 결과

표현 PLUS+

+ **混**出个样子 hùnchū ge yàngzi 성공한 모습으로 살아내다(성공하다)

不能混为一谈 같이 놓고 이야기하지 마(싸잡아서 이야기하지 마)

A 걔는 항상 일 핑계로, 내가 위챗을 보내면 이모티콘 하나 보내고 나에게 무성의하게 대하잖아.

他老是拿工作说事，我给他发微信，他发一个表情就敷衍我。

Tā lǎoshì ná gōngzuò shuōshì, wǒ gěi tā fā Wēixìn, tā fā yí ge biǎoqíng jiù fūyǎn wǒ.

걔는 나를 사랑하지 않는 게 분명해. 사랑을 내 마음대로 할 수는 없으니, 차라리 헤어지려고.

我看他不爱我了，强扭的瓜不甜嘛，干脆分手算了。

Wǒ kàn tā bú ài wǒ le, qiáng niǔ de guā bù tián ma, gāncuì fēnshǒu suànle.

B 내 말 들어봐! 일은 일이고 사랑은 사랑이지, 두 가지를 싸잡아서 말하지 마.

我跟你说，工作是工作，爱情是爱情，可不能混为一谈。

Wǒ gēn nǐ shuō, gōngzuò shì gōngzuò, àiqíng shì àiqíng, kě bù néng hùnwéiyìtán.

나는 오히려 그가 남편과 직원 이 두 가지 역할을 동시에 맡아서 하는 게 안쓰럽던데.

我倒可怜他要同时扮演好老公和员工这两个角色。

Wǒ dào kělián tā yào tóngshí bànyǎn hǎo lǎogōng hé yuángōng zhè liǎng ge juésè.

부부사이에 입장 바꿔 생각해 보고 서로 이해를 해줘야지.

夫妻之间应该将心比心，相互谅解。

Fūqī zhī jiān yīnggāi jiāngxīn bǐxīn, xiānghù liàngjiě.

WORDS

敷衍 fūyǎn 통 (사람을) 무성의하게 대하다 | 强扭的瓜不甜 qiáng niǔ de guā bù tián 익지 않은 채 억지로 비틀어 딴 참외는 달지 않다(보통 '남녀 사이에 사랑이 없이 억지로 맺어진 인연은 오래가지 못한다'라는 의미로 사용) | 扮演 bànyǎn 통 (역할을) 맡다 | 将心比心 jiāngxīn bǐxīn 성 처지를 바꾸어 생각하다

☆ **老大不小** lǎodà bùxiǎo 다 크다, 어른이 되다

你已老大不小了，还这么不懂事。 너는 다 컸는데도 아직 이렇게 철이 없니.
Nǐ yǐ lǎodà bùxiǎo le, hái zhème bù dǒngshì.

☆ **心里也有数** xīnlǐ yě yǒushù 다 생각이 있다

心里有底 xīnlǐ yǒudǐ 자신이 있다, 감을 잡았다

☆ **想一出是一出** xiǎng yì chū shì yì chū 생각나는 대로 행동하다

随心所欲 suíxīnsuǒyù (거리낌 없이) 마음대로 하다

= 肆无忌惮 sìwú jìdàn

☆ **没有用武之地** méiyǒu yòngwǔ zhī dì 능력을 발휘할 곳이 없다

派不上用场 pài bu shàng yòngchǎng 쓸모가 없다

英雄无用武之地。 영웅이 재능을 발휘할 기회를 얻지 못하다.
Yīngxióng wú yòngwǔ zhī dì.

☆ **敷衍我** fūyǎn wǒ 나를 대충 대하다, 무성의하게 대하다

发一个短信把我打发了 fā yí ge duǎnxìn bǎ wǒ dǎfa le 문자 하나로 퉁치다

☆ **将心比心** jiāngxīn bǐxīn 입장을 바꿔 생각하다

换位思考吧。 입장 바꿔 생각해 봐.
Huànwèi sīkǎo ba.

站在别人的立场上想一想。 다른 사람 입장에 서서 좀 생각해 봐.
Zhàn zài biérén de lìchǎng shàng xiǎng yi xiǎng.

No 45. 亏 kuī

1 [부사] ~이면서도(~이라면서)

> 亏你是个受过高等教育的人 너는 고등교육을 받은 사람이라면서

A 아무리 고민을 해봐도 네 요구를 받아들일 수가 없어.

我想了半天还是无法采纳你的意见。
Wǒ xiǎngle bàntiān háishi wúfǎ cǎinà nǐ de yìjiàn.

나도 말 못할 사정이 있으니까 이러지도 저러지도 못하는 내 입장 좀 생각해 줘.

我也有难言之隐，你也考虑一下我左右为难的立场。
Wǒ yě yǒu nányánzhīyǐn, nǐ yě kǎolǜ yíxià wǒ zuǒyòu wéinán de lìchǎng.

B 너는 고등교육을 받았다는 놈이 어떻게 이렇게 사리분별을 못하냐?

亏你还是个受过高等教育的人，怎么这么不知好歹啊?
Kuī nǐ hái shì ge shòuguo gāoděng jiàoyù de rén, zěnme zhème bù zhī hǎodǎi a?

이건 우리 둘 다에게 도움이 되는 일이야, 내가 요즘 자금 융통이 원활하지 않아서 그래.

这可是两全其美的好事，我最近周转不灵。
Zhè kě shì liǎngquán qíměi de hǎoshì, wǒ zuìjìn zhōuzhuǎn bù líng.

그렇지 않았다면 나 혼자 다 먹었을 거야.

要不是这样，我就会自己独吞。
Yàobúshì zhèyàng, wǒ jiù huì zìjǐ dútūn.

WORDS

采纳 cǎinà [동] 받아들이다 | 难言之隐 nányánzhīyǐn [성] 말 못할 사정 | 左右为难 zuǒyòu wéinán [성] 딜레마에 빠지다 | 好歹 hǎodǎi [명] 좋은 것과 나쁜 것 | 两全其美 liǎngquán qíměi [성] 쌍방에게 모두 좋다 | 周转 zhōuzhuǎn [동] (자금의) 회전 | 独吞 dútūn [동] 독식하다

亏你说得出口?　그런 말이 나오냐? [비난의 말투]

A 그런 말이 나오냐? 내가 먼저 잘못을 인정하라고?

亏你说得出口？你还让我去先认错？

Kuī nǐ shuō de chūkǒu? Nǐ hái ràng wǒ qù xiān rèncuò?

이게 다 너 때문 아냐? 너는 도대체 누구 편이야?

这不都是因为你吗？你到底是哪一头的呀？

Zhè bù dōu shì yīnwèi nǐ ma? Nǐ dàodǐ shì nǎ yìtóu de ya?

난 네 친언니야, 넌 어떻게 팔이 밖으로 굽을 수가 있냐?

我是你亲姐姐，你怎么胳膊肘儿往外拐呢？

Wǒ shì nǐ qīn jiějie, nǐ zěnme gēbozhǒur wǎng wài guǎi ne?

B 나는 공정하게 말하는 거야, 이치에 맞는 사람을 돕는거지.

我帮理不帮亲，谁的话在理，我就帮谁。

Wǒ bāng lǐ bù bāng qīn, shéi de huà zàilǐ, wǒ jiù bāng shéi.

WORDS

认错 rèncuò 동 잘못을 인정하다(承认错误의 줄임말) ｜ 胳膊肘儿 gēbozhǒur 명 팔꿈치 ｜ 在理 zàilǐ 형 도리에 맞다

☆ 회화의 高手

☆ **不知好歹** bù zhī hǎodǎi 사리분별 못하다, 남의 호의를 알아주지 못하다

敬酒不吃吃罚酒 올려 드리는 술은 안 마시고 바보 같이 벌주는 마신다, 사리분별을 잘 못하다
Jìng jiǔ bù chī chī fá jiǔ

☆ **胳膊肘儿往外拐** gēbozhǒur wǎng wài guǎi 팔이 밖으로 굽는다, 남을 두둔하다

她跟我站在统一战线上。　그는 나와 같은 노선에 있어.
Tā gēn wǒ zhàn zài tǒngyī zhànxiàn shàng.

☆ **帮理不帮亲** bāng lǐ bù bāng qīn 이치에 따라 사람을 돕다

就事论事 jiùshì lùnshì 사실에만 입각해 일을 논하다

No 46. 所 suǒ

1 [명사] 곳, 장소

他的问题**所在** 그의 문제점　　他的魅力**所在** 그의 매력포인트

A 그의 가장 큰 문제는 체면을 너무나도 중요시 여긴다는 거예요.

他最大的问题是**死要面子活受罪**。
Tā zuì dà de wèntí shì sǐ yàomiànzi huóshòuzuì.

며칠 전에는 고향에서 그의 친구들이 왔는데, 그는 무조건 최고급 식당을 예약해야 한다고 하면서

前几天，他的几个朋友从老家来了，他还说非得要订高大上的餐厅，
Qián jǐ tiān, tā de jǐ ge péngyou cóng lǎojiā láile, tā hái shuō fēiděi yào dìng gāodàshàng de cāntīng,

한 끼 식사로 1만 위안을 썼어요, 전 정말 못 참겠어요!

就吃一顿饭，竟花了一万块钱，我真受够了！
jiù chī yí dùn fàn, jìng huāle yíwàn kuài qián, wǒ zhēn shòugòu le!

B 너는 이런 점이 그의 문제점이라고 생각하겠지만, 난 오히려 그의 매력포인트라고 생각해.

你觉得这是他的问题**所在**，但我倒觉得这才是他的魅力**所在**。
Nǐ juéde zhè shì tā de wèntí suǒzài, dàn wǒ dào juéde zhè cái shì tā de mèilì suǒzài.

내가 보니 넌 체면 때문에 사과를 못하는 거 같은데, 내가 네 대신 말해줄게.

我看你拉不下脸跟他低头，我来替你跟他说吧。
Wǒ kàn nǐ lā buxià liǎn gēn tā dītóu, wǒ lái tì nǐ gēn tā shuō ba.

부부 싸움은 칼로 물 베기(부부싸움은 하룻밤을 넘기지 않는다)라고들 하잖아.

人家都说**夫妻没有隔夜仇**嘛。
Rénjiā dōu shuō fūqī méiyǒu géyè chóu ma.

WORDS

高大上 gāodàshàng 高端(고급), 大气(당당함), 上档次(품위 있는)의 축약어로 어떤 사물이 탁월함을 형용할 때 주로 사용하는 신조어 | 拉不下脸 lā buxià liǎn 체면이 깎일까 봐 차마 ~하지 못하다 | 隔夜 géyè 동 하룻밤을 넘기다

2 조사 (~에 의하여) ~당하다

为他的一些行动**所**迷惑 그의 행동들에 끌리다

A 네가 죽기 살기로 그에게 사귀자고 해놓고 맘대로 헤어지자고 하는 건 또 무슨 일이야?

你死缠烂打地要他跟你在一起，又这么任性地要求分手，★这算什么事啊?

Nǐ sǐ chán làn dǎ de yào tā gēn nǐ zài yìqǐ, yòu zhème rènxìng de yāoqiú fēnshǒu, zhè suàn shénme shì a?

이렇게 후회할 거면서 그때 왜 그랬어? 너희를 연결해 준 사람으로서 내 입장이 곤란하잖아.

★早知今日，何必当初呢? 作为你们的媒人，现在我的立场很尴尬呀。

Zǎo zhī jīnrì, hébì dāngchū ne? Zuòwéi nǐmen de méiren, xiànzài wǒ de lìchǎng hěn gāngà ya.

B 처음에 나는 그의 행동들에 끌려서 얼떨결에 고백했는데

刚开始我为他的一些行动**所**迷惑，稀里糊涂地跟他表白了，

Gāng kāishǐ wǒ wéi tā de yìxiē xíngdòng suǒ míhuò, xīlihútú de gēn tā biǎobái le,

이후에야 그가 결코 내 평생을 맡길 남자가 아니라는 걸 알게 됐어.

后来，我才知道他并不是我可以托付终身的男人。

hòulái, wǒ cái zhīdào tā bìng bú shì wǒ kěyǐ tuōfù zhōngshēn de nánrén.

WORDS

死缠烂打 sǐ chán làn dǎ 죽기 살기로 ｜ 任性 rènxìng 형 마음대로 하다 ｜ 媒人 méiiren 명 중매쟁이 ｜ 尴尬 gāngà 형 난처하다, 곤란하다 ｜ 稀里糊涂 xīlihútú 형 얼떨떨하다

所见所闻 보고 들은 것

A 당신이 보고 들은 것을 모두 말씀해 주셔서 감사합니다. 큰 도움을 받았습니다.

感谢您把自己的所见所闻都告诉我了，受益匪浅。
Gǎnxiè nín bǎ zìjǐ de suǒ jiàn suǒ wén dōu gàosu wǒ le, shòuyì fěi qiǎn.

B 전 단지 당신께 작은 힘이라도 보태고 싶었어요. 사건의 실마리를 찾으시길 진심으로 바라요.

我就想助您一臂之力，然后我衷心地希望您能够找到案件的蛛丝马迹。
Wǒ jiù xiǎng zhù nín yíbìzhīlì, ránhòu wǒ zhōngxīn de xīwàng nín nénggòu zhǎodào ànjiàn de zhūsī mǎjì.

WORDS

受益匪浅 shòuyì fěi qiǎn 성 얻은 바가 꽤 많다 | 一臂之力 yíbìzhīlì 보잘 것 없는 힘 | 蛛丝马迹 zhūsī mǎjì 실마리

☆ 회화의 高手

☆ **死要面子活受罪** sǐ yàomiànzi huóshòuzuì 체면을 위해 고통을 감수하다

脸都丢尽了。   망신살이 뻗쳤네.
Liǎn dōu diūjìn le.

☆ **夫妻没有隔夜仇** fūqī méiyǒu géyè chóu 부부싸움은 칼로 물 베기다

= **夫妻吵架如刀劈流水** fūqī chǎojià rú dāo pī liúshuǐ

☆ **这算什么事啊？**   이게 (도대체) 무슨 일이란 말이야? (불만, 분노, 어이없음, 황당함, 무력감)
Zhè suàn shénme shì a?

说好九点开会，你十点才来，这算什么事啊？
Shuōhǎo jiǔ diǎn kāihuì, nǐ shí diǎn cái lái, zhè suàn shénme shì a?
9시에 회의하기로 해놓고 10시에 와서, 이게 무슨 짓이야?

☆ **早知今日，何必当初** zǎo zhī jīnrì, hébì dāngchū 이렇게 후회할 거면서 그때 왜 그랬어?

早干嘛去了？   여태 뭐 하다가 이제 와서?
Zǎo gàn ma qù le?

☆ **助您一臂之力** zhù nín yíbìzhīlì 작은 힘으로 당신을 돕는다

给你注入正能量。   당신에게 좋은 에너지를 불어넣어 줄게요.
Gěi nǐ zhùrù zhèngnéngliàng.

① [형용사] 편향되다, 편중되다

偏于语法　어법에 치중하다

A 1년 동안 열심히 중국어 공부했는데, 중국인과 대화할 때 아직도 어려움이 많아요.

我这一年的时间里确实很认真学习了汉语，但我在跟中国人沟通时还有很多障碍。

Wǒ zhè yì nián de shíjiān li quèshí hěn rènzhēn xuéxí le Hànyǔ, dàn wǒ zài gēn Zhōngguó rén gōutōng shí hái yǒu hěn duō zhàng'ài.

전 공부할 스타일이 아닌가 봐요, 차라리 공부를 포기해야 할까요 아니면 계속해야 할까요?

我总觉得我不是学习的料儿，您看我是干脆放弃学习还是坚持下去？

Wǒ zǒng juéde wǒ bú shì xuéxí de liàor, nín kàn wǒ shì gāncuì fàngqì xuéxí háishi jiānchí xiàqu?

저 진짜 어떻게 해야 할지 모르겠어요, 정말 고민이에요.

我真不知道该怎么办，太纠结了。

Wǒ zhēn bù zhīdào gāi zěnme bàn, tài jiūjié le.

B 다음의 두 가지 점만 기억한다면 현저한 효과를 얻을 수 있어.

你只要记住以下两点，就会得到显著的效果。

Nǐ zhǐyào jìzhù yǐxià liǎng diǎn, jiù huì dédào xiǎnzhù de xiàoguǒ.

첫째, 학습할 때 어법에 치중하지 마. 어법, 회화, 듣기 이 세 부분의 시간을 골고루 나눠야 해.

第一，学习时，不要偏于语法，要分配好语法、口语、听力这三个部分的时间。

Dì yī, xuéxí shí, búyào piān yú yǔfǎ, yào fēnpèi hǎo yǔfǎ、kǒuyǔ、tīnglì zhè sān ge bùfen de shíjiān.

둘째, 너무 급하게 생각하지 마. 속담에 '배움의 길은 끝이 없다'고 하잖아.

第二，心里别那么着急，俗话说，"活到老，学到老"嘛。

Dì èr, xīnlǐ bié nàme zháojí, súhuà shuō, "huódào lǎo, xuédào lǎo" ma.

'중도에 그만두는 것을 두려워하라', 이 말을 마음에 새기고 열심히 공부해!

"不怕慢，只怕站"，把这句话铭记在心里好好儿学习吧！

"Bú pà màn, zhǐ pà zhàn", bǎ zhè jù huà míngjì zài xīnlǐ hǎohāor xuéxí ba!

料儿 liàor 명 재료, 재목 | 纠结 jiūjié 형 고민하다, 뒤엉키다

2 부사 기어코

偏不听我的话　기어코 내 말을 듣지 않는다

A 듣자니 네 친구 주식투자 실패해서 전 재산 다 날렸다며? 진짜야?

听说你朋友股票投资失败，所有财产都打水漂儿了？是不是？

Tīngshuō nǐ péngyou gǔpiào tóuzī shībài, suǒyǒu cáichǎn dōu dǎ shuǐpiāor le? Shì bu shì?

친구로서 넌 걔가 불구덩이로 들어가는 걸 빤히 보고만 있었어?

作为朋友，你怎么能眼睁睁地看着他往火坑里跳呢？

Zuòwéi péngyou, nǐ zěnme néng yǎnzhēngzhēng de kànzhe tā wǎng huǒkēng li tiào ne?

B 나는 진작에 걔한테 주식을 하지 말라고 충고했지. 근데 걔가 융통성이 없는 거 너도 알잖아.

我早就劝过他别再玩儿股票了，但你也知道他是个一根筋。

Wǒ zǎo jiù quànguo tā bié zài wánr gǔpiào le, dàn nǐ yě zhīdào tā shì ge yìgēnjīn.

기어코 내 말을 안 듣고는 뜻밖에도 고집스럽게 전 재산을 투자해 버렸어.

偏不听我的话，居然执迷不悟地把所有钱都投进去了。

Piān bù tīng wǒ de huà, jūrán zhímí búwù de bǎ suǒyǒu qián dōu tóu jìnqu le.

打水漂儿 dǎ shuǐpiāor 돈을 날리다 | 火坑 huǒkēng 명 불 구덩이 | 一根筋 yìgēnjīn 형 융통성이 없다 | 执迷不悟 zhímí búwù 성 잘못을 깨닫지 못하다

偏(偏)这个时候来　하필이면 이때 와서

A 어제 분위기 있는 저녁식사는 어땠어? 그 여신 꼬셨어?

昨天的烛光晚餐怎么样？把那个女神追**到手了**吗？

Zuótiān de zhúguāng wǎncān zěnmeyàng? Bǎ nà ge nǚshén zhuīdào shǒu le ma?

B 어제 이야기하니까 화가 치밀어 오네, 우리 부서 김 부장님 알지?

你说昨天的事我就来气，你认识我们部门的金部长吧？

Nǐ shuō zuótiān de shì wǒ jiù lái qì, nǐ rènshi wǒmen bùmén de Jīn bùzhǎng ba?

내가 고백을 시작하고 내 말이 끝나기도 전에 김 부장님이 갑자기 나타난 거야.

我刚要开始表白，话音还没落呢，他突然就出现了。

Wǒ gāng yào kāishǐ biǎobái, huàyīn hái méi luò ne, tā tūrán jiù chūxiàn le.

타이밍도 기가 막히지, 어떻게 하필이면 이때 나타나냐?

早不来晚不来，怎么偏(偏)这个时候来了呢？

Zǎo bù lái wǎn bù lái, zěnme piān(piān) zhège shíhou láile ne?

김 부장님은 정말 눈치가 없더라, 우리랑 같이 밥을 먹겠다고 할 줄은 꿈에도 몰랐어.

金部长他实在是太没有眼力见儿了，没想到他竟然要求跟我们一块儿吃饭。

Jīn bùzhǎng tā shízài shì tài méiyǒu yǎnlìjiànr le, méi xiǎngdào tā jìngrán yāoqiú gēn wǒmen yíkuàir chīfàn.

결국 내 모든 계획은 그 인간 때문에 망쳤어.

结果我所有的计划都被他搞砸了。

Jiéguǒ wǒ suǒyǒu de jìhuà dōu bèi tā gǎozá le.

WORDS

烛光晚餐 zhúguāng wǎncān (촛불을 켠, 분위기 있는 레스토랑에서의) 저녁식사 | 眼力见儿 yǎnlìjiànr 명 재치, 눈치 | 搞砸 gǎozá 동 망치다

표현 PLUS+

+ 为什么偏偏我们公司没有奖金？　왜 하필이면 우리 회사만 보너스가 없나요？
Wèishénme piānpiān wǒmen gōngsī méiyǒu jiǎngjīn?

☆ **不是……的料儿** bú shì … de liàor ~할 재목(인재)이 아니다

他**不是**老板**的料儿**。　그는 사장이 될 재목이 아니야.
Tā bú shì lǎobǎn de liàor.

☆ **活到老，学到老。**　공부의 길은 끝이 없다.
Huódào lǎo, xuédào lǎo.

☆ **不怕慢，只怕站。**　느린 것을 두려워 말고, 멈추는 것을 두려워해라.
Bú pà màn, zhǐ pà zhàn.

学无止境。　학문에는 끝이 없다.
Xué wú zhǐjìng.

学海无涯苦作舟。　학문은 끝이 없으니 노력을 해야 한다
Xué hǎi wú yá kǔ zuò zhōu.

☆ **打水漂儿** dǎ shuǐpiāor 헛되이 쓰다, 날리다

= 打水撇儿 dǎ shuǐpiēr

这笔钱算是**打水漂儿**了。　이 돈은 그냥 날린 셈이야.
Zhè bǐ qián suàn shì dǎ shuǐpiāor le.

☆ **他是个一根筋** tā shì ge yìgēnjīn 그는 융통성이 없다

他是个自以为是的人。　그는 자기만 옳다고 생각한다.
Tā shì ge zìyǐwéishì de rén.

☆ **把……到手了** bǎ … dào shǒu le ~를 손에 넣었다

我终于**把**手机拿**到手了**。　나는 마침내 핸드폰을 손에 넣었다.
Wǒ zhōngyú bǎ shǒujī ná dào shǒu le.

☆ **早不来晚不来** zǎo bù lái wǎn bù lái 딱 이 타이밍에

早不……晚不……偏偏这个时候……　왜 하필 지금 ~한 거야
zǎo bù … wǎn bù … piānpiān zhège shíhou

= 不早不晚(偏偏)…… bù zǎo bù wǎn (piānpiān)

1 [동사] 시작하다

不知从哪儿说起 어디서부터 말을 꺼내야 할지 모르겠다

A 너 대단히 억울한 거 같은데, 너와 회사 사이에 도대체 무슨 일이 있었던 거야?

我看你一肚子委屈，你跟公司之间到底发生了什么事啊？
Wǒ kàn nǐ yí dùzi wěiqu, nǐ gēn gōngsī zhī jiān dàodǐ fāshēng le shénme shì a?

일의 자초지종을 나에게 말 좀 해봐! 울기만 한다고 문제가 해결되는 건 아니잖아.

你把事情的来龙去脉，说给我听吧！光哭根本解决不了问题。
Nǐ bǎ shìqing de láilóng qùmài, shuō gěi wǒ tīng ba! Guāng kū gēnběn jiějué buliǎo wèntí.

B 어디서부터 말을 꺼내야 할지 모르겠는데,

我不知从哪儿说起，
Wǒ bù zhī cóng nǎr shuōqǐ,

어쨌든 회사는 내가 공금을 횡령했다는 어처구니없는 이유로 나를 해고했어.

反正公司用我挪用了公款的荒唐理由把我炒了鱿鱼。
fǎnzhèng gōngsī yòng wǒ nuóyòng le gōngkuǎn de huāngtáng lǐyóu bǎ wǒ chǎole yóuyú.

하지만 목숨을 걸고 장담하는데 난 결백해.

但是以性命担保，我是清白无辜的。
Dànshì yǐ xìngmìng dānbǎo, wǒ shì qīngbái wúgū de.

내가 아무리 부인해도 회사는 믿어주지 않고, 내가 한 거라고 딱 잘라 말하잖아.

我再否认，公司也不相信，他们还一口咬定是我干的。
Wǒ zài fǒurèn, gōngsī yě bù xiāngxìn, tāmen hái yìkǒu yǎodìng shì wǒ gàn de.

WORDS

一肚子委屈 yí dùzi wěiqu 대단히 억울하다 | 来龙去脉 láilóng qùmài 경위, 자초지종 | 挪用公款 nuóyòng gōngkuǎn 공금을 횡령하다, 유용하다 | 炒鱿鱼 chǎoyóuyú [동] 해고하다 | 清白无辜 qīngbái wúgū 무고하다, 결백하다 | 一口咬定 yìkǒu yǎodìng 한 마디로 잘라 말하다

+ **从我做起** cóng wǒ zuòqǐ 나부터 하기 시작하다
+ **从小事做起** cóng xiǎo shì zuòqǐ 작은 일부터 하기 시작하다

2 동사 생기다, 일으키다

起作用 효과가 일어나다

A 코치님, 한 달 동안 코치님이 말씀하신대로 했는데

教练，一个月的时间里我都按照您说的去做了，
Jiàoliàn, yí ge yuè de shíjiān li wǒ dōu ànzhào nín shuō de qù zuòle,

왜 다이어트 효과가 하나도 없는거죠? 대체 언제까지 해야 하는 걸까요?

但为什么对减肥没**起**到任何**作用**呢？做到什么时候才是个头儿啊？
dàn wèishénme duì jiǎnféi méi qǐdào rènhé zuòyòng ne? Zuòdào shénme shíhou cái shì ge tóur a?

적은 노력으로 큰 효과를 얻는 방법이 없을까요?

有没有什么事半功倍的办法？
Yǒu méiyǒu shénme shìbàn gōngbèi de bànfǎ?

B '끝까지 버티면 승리한다' 이런 말 못 들어 보셨나요? 게다가 이제 겨우 한 달 지났잖아요.

您没听过这句话吗？"坚持就是胜利"，再说了，才过了一个月呢。
Nín méi tīngguo zhè jù huà ma? "Jiānchí jiùshì shènglì", zài shuō le, cái guòle yí ge yuè ne.

어떤 일이든 첫 술에 배부를 수는 없어요, 우리 딱 한 달만 더 유지하고

无论做什么事都不能一口吃个胖子嘛，咱们就再坚持一个月，
Wúlùn zuò shénme shì dōu bù néng yìkǒu chī ge pàngzi ma, zánmen jiù zài jiānchí yí ge yuè,

그때 가서 그래도 효과가 없으면 전액 환불해 드릴게요.

如果到时候还没有效果，我就给您全额退款。
rúguǒ dào shíhou hái méiyǒu xiàoguǒ, wǒ jiù gěi nín quán'é tuìkuǎn.

WORDS

头儿 tóur 명 시작점, 끝 | 事半功倍 shìbàn gōngbèi 성 적은 노력으로 큰 효과를 거두다 | 全额 quán'é 형 전액으로

+ **起疑心** qǐ yíxīn 의심을 품다, 의심이 생기다

☆ 회화의 高手

☆ **以性命担保** yǐ xìngmìng dānbǎo 목숨을 걸고 장담(보증)하다

以我人格担保，他是清白无辜的。 내 인격을 걸고 장담하는데 그는 결백해.
Yǐ wǒ réngé dānbǎo, tā shì qīngbái wúgū de.

☆ **做到什么时候才是个头儿啊** 언제까지 해야 끝날까
zuòdào shénme shíhou cái shì ge tóur a

猴年马月才能完成。 어느 세월에 완성할지.
Hóunián mǎyuè cái néng wánchéng.

☆ **事半功倍** shìbàn gōngbèi 적은 노력으로 큰 성과(효과)를 얻는다

　↔ **事倍功半** shìbèi gōngbàn 많은 노력을 들이고도 성과는 적다

☆ **一口吃个胖子** yìkǒu chī ge pàngzi 첫 술에 배부르랴

不要急于求成。 급하게 목표를 달성하려 하지 마.
Búyào jíyú qiú chéng.

No 49. 嫌 xián

1 명사 혐의

为了避嫌 　혐의(문제가 일어나는 것을)를 피하기 위해

A 일단 의심을 사지 않기 위해서 넌 절대 상대 회사에 괜한 말은 하지 마.

首先，为了避嫌，你千万别跟对方公司多嘴。
Shǒuxiān, wèile bìxián, nǐ qiānwàn bié gēn duìfāng gōngsī duōzuǐ.

우리 회사가 주식 상장을 할 수 있는지 없는지는 이번 일에 달려 있어.

我们公司能否上市在此一举，
Wǒmen gōngsī néng fǒu shàngshì zài cǐ yìjǔ,

그리고 미리 말해 두겠는데 너 이번 일 실패하면 짐 싸서 떠나야 한다고.

然后，我把丑话说在前头，你如果失败的话，只能卷铺盖走人。
ránhòu, wǒ bǎ chǒuhuà shuō zài qiántou, nǐ rúguǒ shībài dehuà, zhǐ néng juǎnpūgai zǒurén.

B 마음 푹 놓으세요, 다 제 계획대로 되고 있으니. 이번 협상은 따놓은 당상입니다.

您就放一万个心吧，一切都在我的掌控之中，这次谈判十拿九稳。
Nín jiù fàng yíwàn ge xīn ba, yíqiè dōu zài wǒ de zhǎngkòng zhī zhōng, zhè cì tánpàn shíná jiǔwěn.

WORDS

卷铺盖 juǎnpūgai 짐을 싸다, 직장을 그만 두다 ｜ 掌控 zhǎngkòng 통 통제하다, 지배하다 ｜ 十拿九稳 shíná jiǔwěn 성 십중팔구 가망이 있다, 따 놓은 당상이다

표현 PLUS+

+ 沾嫌 zhān xián 혐의를 받다, 오해를 받다

你不**嫌**丢人我还**嫌**丢人呢 넌 안 쪽팔릴지 몰라도 난 쪽팔리거든

A 넌 진짜 독특한 애야, 회의할 때는 예쁘게 쫙 빼 입더니

你真是个奇葩呀，开会的时候穿得花枝招展的，

Nǐ zhēnshi ge qípā ya, kāihuì de shíhou chuān de huāzhī zhāozhǎn de,

지금은 또 파티 시작할 건데 이 따위로 옷을 입고 왔네?

现在又要开派对了，你倒穿成这个样子来了？

xiànzài yòu yào kāi pàiduì le, nǐ dào chuānchéng zhège yàngzi láile?

앞뒤가 너무 바뀐 거 아냐? 빨리 가서 바꿔 입고 와, 당장!

这样太本末倒置了吧？你快去换衣服，赶紧的！

Zhèyàng tài běnmò dàozhì le ba? Nǐ kuài qù huàn yīfu, gǎnjǐn de!

넌 안 쪽 팔릴지 몰라도 난 쪽팔린단 말이야!

你不**嫌**丢人我还**嫌**丢人呢！

Nǐ bù xián diūrén wǒ hái xián diūrén ne!

B 넌 유행을 몰라! 이건 특이하다고 하는게 아니고 특별하다고 하는 거야, 알기나 해?

你真不懂时尚！这不叫奇葩，这才叫特别，知道吗？

Nǐ zhēn bù dǒng shíshàng! Zhè bú jiào qípā, zhè cái jiào tèbié, zhīdào ma?

그리고 네 옷도 거기서 거기거든!

还有，你的衣服**也好不到哪儿去**，好不好！

hái yǒu, nǐ de yīfu yě hǎo bú dào nǎr qù, hǎo bu hǎo!

WORDS

奇葩 qípā 명 괴짜, 특이한 사람 | 花枝招展 huāzhī zhāozhǎn 성 여자가 아름답게 치장한 모양 | 本末倒置 běnmò dàozhì 성 본말이 전도되다 | 时尚 shíshàng 명 패션 형 유행스럽다

표현 PLUS+

+ 怎么了？**嫌**钱少吗？ 왜? 돈이 적어서 그래?
　 Zěnme le? Xián qián shǎo ma?

☆ **多嘴** duōzuǐ 쓸데없는 말을 하다

我说漏了嘴。　내가 입을 잘못 놀렸어.
Wǒ shuō lòule zuǐ.

别说漏嘴。　말 조심해 (들통나지 않도록).
Bié shuō lòuzuǐ.

☆ **在此一举** zài cǐ yìjǔ　(성패가) 이번 행동에 달려 있다

成败取决于你。　성패는 너에게 달려 있어.
Chéngbài qǔjué yú nǐ.

☆ **把丑话说在前头** bǎ chǒuhuà shuō zài qiántou　미리 말해 두겠는데

把丑话说在前头，事情办糟了你可得负责。
Bǎ chǒuhuà shuō zài qiántou, shìqing bànzāo le nǐ kě děi fùzé.
미리 말해 두겠는데 일 망치면 네가 책임져야 해.

☆ **也好不到哪儿去** yě hǎo bú dào nǎr qù　거기서 거기야

五十步笑百步 wǔshí bù xiào bǎi bù　오십보백보, 도긴개긴

半斤八两 bànjīn bāliǎng　도토리 키 재기

No 50. 扯 chě

我不想跟他**扯**上任何关系 나는 그와 어떤 일로도 얽히고 싶지 않아

A 왜 하루 온종일 기력이 없어? 너 요즘 무슨 걱정이라도 있는 거야?

我看你今天一整天都是无精打采的样子，你是不是有什么烦心事啊？

Wǒ kàn nǐ jīntiān yì zhěng tiān dōu shì wújīng dǎcǎi de yàngzi, nǐ shì bu shì yǒu shénme fánxīn shì a?

만약에 무슨 일 있으면 혼자 고민하지 말고 나와 함께 나눠!

如果有什么事的话，别一个人扛着，我可以帮你分担一下！

Rúguǒ yǒu shénme shì dehuà, bié yí ge rén kángzhe, wǒ kěyǐ bāng nǐ fēndān yíxià!

혹시 너에게 힘든 일이 나에게는 별일 아닐 수도 있잖아.

说不定呢，对你来说是很烦恼的事，到我这边来是小事一桩呢。

Shuōbudìng ne, duì nǐ lái shuō shì hěn fánnǎo de shì, dào wǒ zhè biān lái shì xiǎo shì yì zhuāng ne.

B 결정해야 할 일이 있는데 아무리 생각해도 도저히 결정을 못 내리겠어.

我有一件事情要去决定，但想来想去也实在做不出决定。

Wǒ yǒu yí jiàn shìqing yào qù juédìng, dàn xiǎng lái xiǎng qù yě shízài zuò bu chū juédìng.

지금 정말 좋은 취업 기회가 내 눈앞에 있는데,

现在有一个很理想的工作机会摆在我的面前，

Xiànzài yǒu yí ge hěn lǐxiǎng de gōngzuò jīhuì bǎi zài wǒ de miànqián,

월급도 많고, 발전 가능성도 매우 많아.

薪水很高，发展空间也很广阔。

xīnshuǐ hěn gāo, fāzhǎn kōngjiān yě hěn guǎngkuò.

不过有一个问题，就是前男友也在那儿工作。
Búguò yǒu yí ge wèntí, jiùshì qián nányǒu yě zài nàr gōngzuò.

我不想跟他扯上任何关系，但又不想白白放弃眼前的好机会。
Wǒ bùxiǎng gēn tā chěshàng rènhé guānxì, dàn yòu bùxiǎng báibái fàngqì yǎnqián de hǎo jīhuì.

你告诉我，我该怎么办？
Nǐ gàosu wǒ, wǒ gāi zěnme bàn?

WORDS

无精打采 wújīng dǎcǎi 성 맥이 없다 ｜ 烦心事 fánxīn shì 걱정거리 ｜ 小事一桩 xiǎo shì yì zhuāng 명 별거 아닌 일 ｜
摆 bǎi 동 놓다, 배열하다 ｜ 广阔 guǎngkuò 형 넓다, 광활하다

2 동사 ❶ 끌어당기다   ❷ 헛소리하다

❶ 不要拉拉扯扯的 스킨쉽 하지 마   ❷ 胡扯 터무니없는 소리

A 공공 장소에서 스킨쉽 좀 하지 마, 많은 사람들이 보고 있잖아.

公众场合，不要拉拉扯扯的，好多人都看着呢。
Gōngzhòng chǎnghé, búyào lālāchěchě de, hǎo duō rén dōu kànzhe ne.

我又不是不知道你刚结束母胎单身的身份，
Wǒ yòu bú shì bù zhīdào nǐ gāng jiéshù mǔ tāi dānshēn de shēnfèn,

但我很好奇，你有必要撒这么多狗粮吗？
dàn wǒ hěn hàoqí, nǐ yǒu bìyào sǎ zhème duō gǒu liáng ma?

你怎么不站在女朋友的立场想想呢？我看她一副很勉强的样子。
Nǐ zěnme bú zhàn zài nǚ péngyou de lìchǎng xiǎngxiang ne? Wǒ kàn tā yí fù hěn miǎnqiǎng de yàngzi.

B 헛소리하네! 억지스러운 건 그녀가 아니라 나라고 알겠냐?

胡扯！勉强的可不是她，而是我，知道吗？

Húchě! Miǎnqiǎng de kě bú shì tā, ér shì wǒ, zhīdào ma?

母胎单身 mǔ tāi dānshēn 명 모태솔로(인터넷 용어) | 撒狗粮 sǎ gǒu liáng 동 애정행각을 하다(인터넷 용어) | 一副 yí fù (표정, 모습 등의 양사) 하나의

표현 PLUS+

+ 一把屎一把尿把孩子**拉扯**长大。 똥 오줌을 닦아내며 자식을 고생스럽게 키웠어.

Yì bǎ shǐ yì bǎ niào bǎ háizi lāchě zhǎngdà.

· 拉扯 동 고생스럽게 키우다

3 동사 (말이) 당기다, 끌다

扯得太远了 (말이 주제에서) 너무 멀리 갔다

A 인생은 장기와도 같은거야. 넌 되는대로 그냥 가는 게 아니라

这个人生啊，就像下棋一样，你不能走一步算一步，

Zhège rénshēng a, jiù xiàng xià qí yíyàng, nǐ bù néng zǒu yí bù suàn yí bù,

발걸음을 내딛기 전에 이미 다음 발걸음, 심지어 전체 계획을 다 디자인해 놓아야 해.

而是应该在走一步之前，就设计好下一步，甚至全盘的计划。

ér shì yīnggāi zài zǒu yí bù zhīqián, jiù shèjì hǎo xià yí bù, shènzhì quánpán de jìhuà.

30살에 어떤 가정을 꾸리고, 40살에 어떤 회사를 차리고,

三十岁时组建什么样的家庭，四十岁时开什么样的公司，

Sānshí suì shí zǔjiàn shénme yàng de jiātíng, sìshí suì shí kāi shénme yàng de gōngsī,

60살에 어디서 말년을 보낼지.

六十岁时在哪儿度过晚年。

liùshí suì shí zài nǎr dùguò wǎnnián.

B 60살? 너무 멀리 간 거 아니야? 넌 이런 말도 못 들어봤어? '계획은 변화를 쫓아갈 수 없다.'

六十岁？**扯**得也太远了吧？你没听过这句话吗？ "计划赶不上变化"。

Liùshí suì? Chě de yě tài yuǎn le ba? Nǐ méi tīngguo zhè jù huà ma? "Jìhuà gǎn bu shàng biànhuà".

计划再怎么完美，在很多变化面前也难以实现。

Jìhuà zài zěnme wánměi, zài hěn duō biànhuà miànqián yě nányǐ shíxiàn.

그래서 말인데, 내 생각엔 지금의 삶을 소중히 여기는 게 제일 중요해.

所以说，我个人觉得，珍惜眼前的生活最重要。

Suǒyǐ shuō, wǒ gèrén juéde, zhēnxī yǎnqián de shēnghuó zuì zhòngyào.

WORDS

全盘 quánpán 형 전부, 전체 │ 组建 zǔjiàn 동 꾸리다, 세우다 │ 珍惜 zhēnxī 동 소중히 여기다

☆ **회화의 高手**

☆ **别一个人扛着** bié yí ge rén kángzhe 혼자 고민하다, 혼자 이겨내려 하다

遇到难事，别一个人扛着。 어려운 일 만나면 혼자 이겨내려고 하지 마.
Yùdào nánshì, bié yí ge rén kángzhe.

☆ **小事一桩** xiǎo shì yì zhuāng 사소한 일, 별거 아닌 일

= 易如反掌 yì rú fǎn zhǎng

= 小菜一碟 xiǎocài yì dié

☆ **摆在……的面前** bǎi zài … de miànqián ~앞에 놓여 있다

很多问题摆在我们的面前。 우리 앞에 많은 문제들이 놓여 있다.
Hěn duō wèntí bǎi zài wǒmen de miànqián.

☆ **撒狗粮** sǎ gǒu liáng 애정행각을 벌이다(애정을 과시하다)

秀恩爱 xiù ēn'ài 애정을 과시하다

☆ **扯得太远了** chě de tài yuǎn le 말이 너무 멀리 갔다

= 扯远了 chě yuǎn le

扯到哪儿去了? 말이 어디까지 가냐?
Chědào nǎr qù le?

= 扯哪儿啊?
Chě nǎr a?

이것만은 꼭 기억하기!

No 41. 凑 còu

① 동사 **모으다**
凑钱买礼物 돈을 모아 선물을 사다

② 부사 **아쉬운 대로 (~하다)**
凑合着吃 아쉬운 대로 대충 먹어라

No 42. 融 róng

① 형용사 **어우러지다, 화합하다**
大家欢聚一堂，其乐融融 모두 한 자리에 모여 화기애애하다

② 동사 **어우러지다, 융화하다**
融为一体 혼연일체(하나)가 되다

No 43. 长 zhǎng

① 동사 **증가하다**
长记性 (어떤 일을 통해) 교훈을 얻다

② 동사 **생기다, 자라다**
经一事，长一智 일을 경험하면 지혜가 늘어난다(생기다)

No 44. 混 hùn

① 동사 **그럭저럭 살아가다**
不能混日子 대충 살아가면 안 된다

② 동사 **살아가다**
没混出个名堂 아무런 성과도 이루지 못하다

③ 동사 **섞다**
不能混为一谈 같이 놓고 이야기하지 마(싸잡아서 이야기하지 마)

No 45. 亏 kuī

① 부사 **~이면서도 [~이라면서]**
亏你是个受过高等教育的人 너는 고등교육을 받은 사람이라면서

② 부사 **유감스럽게도**
亏你说得出口? 그런 말이 나오냐? [비난의 말투]

No 46. 所 suǒ

① 명사 **곳, 장소**
他的问题所在 그의 문제점
他的魅力所在 그의 매력포인트

② 조사 **[~에 의하여] ~당하다**
为他的一些行动所迷惑 그의 행동들에 끌리다

③ 조사 **~한 것** [동사 앞에 쓰여 명사적 성분 구성]
所见所闻 보고 들은 것

No 47. 偏 piān

① 형용사 **편향되다, 편중되다**
偏于语法 어법에 치중하다

② 부사 **기어코**
偏不听我的话 기어코 내 말을 듣지 않는다

③ 부사 **하필이면**
偏(偏)这个时候来 하필이면 이때 와서

No 48. 起 qǐ

① 동사 **시작하다**
不知从哪儿说起 어디서부터 말을 꺼내야 할지 모르겠다

② 동사 **생기다, 일으키다**
起作用 효과가 일어나다

No 49. 嫌 xián

① 명사 **혐의**
为了避嫌 혐의(문제가 일어나는 것을)를 피하기 위해

② 동사 **싫어하다**
你不嫌丢人我还嫌丢人呢 넌 안 쪽팔릴지 몰라도 난 쪽팔리거든

No 50. 扯 chě

① 동사 **관련시키다**
我不想跟他扯上任何关系 나는 그와 어떤 일로도 얽히고 싶지 않아

② 동사 **[1] 끌어당기다 [2] 헛소리하다**
(1) 不要拉拉扯扯 的 스킨쉽 하지 마
(2) 胡扯 터무니없는 소리

③ 동사 **[말이] 당기다, 끌다**
扯得太远了 말이 (주제에서) 너무 멀리 갔다

No 51. 归 guī

1 동사 귀속되다, 돌아가다

这房子归我所有 이 집은 내 소유로 되어 있다

A 뉴스 보니까 올해 집값이 작년보다 크게 올랐대. 우리집도 가격이 올랐겠지?

看新闻，今年房价比去年大幅度提升了。我们的房子也涨了吧？
Kàn xīnwén, jīnnián fáng jià bǐ qùnián dà fúdù tíshēng le. Wǒmen de fángzi yě zhǎngle ba?

내년에는 정부가 집값 거품을 없앤다는데. 우리집 팔아야 하지 않을까?

还听说政府从明年开始要刺破房价泡沫。我们的房子该卖了吧？
Hái tīngshuō zhèngfǔ cóng míngnián kāishǐ yào cìpò fáng jià pàomò. Wǒmen de fángzi gāi mài le ba?

B 이 집은 내 소유로 되어 있으니까 집을 어떻게 해볼 생각은 버려.

这房子归我所有，你可别打这房子的主意。
Zhè fángzi guī wǒ suǒyǒu, nǐ kě bié dǎ zhè fángzi de zhǔyi.

집값이 얼마까지 오르든 난 죽어도 집을 팔지 않을 거니까.

无论房价涨到什么程度，打死我也不会卖房子的。
Wúlùn fáng jià zhǎngdào shénme chéngdù, dǎsǐ wǒ yě bú huì mài fángzi de.

이 집은 우리 부모님이 물려주신 유일한 유산인데, 너 같으면 팔고 싶겠냐?

这房子可是我父母给我留下来的唯一的遗产，换做是你，你想把它卖掉吗？
Zhè fángzi kě shì wǒ fùmǔ gěi wǒ liú xiàlai de wéiyī de yíchǎn, huàn zuò shì nǐ, nǐ xiǎng bǎ tā màidiào ma?

WORDS

大幅度 dà fúdù 대폭, 대폭적으로 ｜ 刺破 cìpò (염증, 거품 등을) 터뜨리다 ｜ 泡沫 pàomò 명 거품, 포말

+ 房子**归**他，孩子**归**我。　방은 그에게, 애는 나에게 귀속된다.
  Fángzi guī tā, háizi guī wǒ.

+ 这个业务**归**老文负责。　이 업무는 라오원에게 책임지게 하다.
  Zhège yèwù guī Lǎo Wén fùzé.

2 　동사 （~는） ~이다

交情归交情，竞争归竞争　친분은 친분이고, 경쟁은 경쟁이다

A 너와 성민이는 몇 십년 동안 친분을 쌓았는데, 네가 이렇게 뒷통수를 치는 건

你跟成敏可是几十年的交情，你这样**在他的背后捅刀子**，
Nǐ gēn Chéngmǐn kě shì jǐ shí nián de jiāoqing, nǐ zhèyàng zài tā de bèihòu tǒng dāozi,

너무 무정한 거 같은데, 다른 선택이 없는 거야?

我看不太厚道吧，没有别的选择吗?
wǒ kàn bú tài hòudao ba, méiyǒu bié de xuǎnzé ma?

B 친분은 친분이고 경쟁은 경쟁이지, 섞어서 말할 필요 없어.

交情**归**交情，竞争**归**竞争，没必要混为一谈。
Jiāoqing guī jiāoqing, jìngzhēng guī jìngzhēng, méi bìyào hùnwéiyìtán.

이번 경쟁에서 내가 그에게 진다면 승진 기회는 나를 스쳐 지나가 버릴 거야.

在这次竞争当中，如果我输给他，升职的机会就会与我擦肩而过。
Zài zhè cì jìngzhēng dāngzhōng, rúguǒ wǒ shū gěi tā, shēngzhí de jīhuì jiù huì yǔ wǒ cā jiān ér guò.

그러니 나는 모든 방법을 동원해서라도 성민이를 이겨야 해.

所以说，我只能想尽一切办法打败成敏。
Suǒyǐ shuō, wǒ zhǐ néng xiǎng jìn yíqiè bànfǎ dǎbài Chéngmǐn.

WORDS

厚道 hòudao 형 너그럽다, 관대하다 | 擦肩而过 cā jiān ér guò 어깨를 스쳐 지나가다 | 想尽 xiǎng jìn 모든 생각을 다 해보다

☆ **别打……的主意** bié dǎ … de zhǔyi ~를 어떻게 해보려는 생각은 버려

你**别打**我妹妹**的主意**。　내 여동생 어떻게 해보려는 생각 버려.
Nǐ bié dǎ wǒ mèimei de zhǔyi.

你别老惦记着我的房子。　넌 내 집에 (꿍꿍이 갖고) 신경 쓰지 마.
Nǐ bié lǎo diànjì zhe wǒ de fángzi.

☆ **打死我也不** dǎsǐ wǒ yě bù 나는 죽어도 ~하지 않을 거야

打死我也不同意！　난 죽어도 반대야!
Dǎsǐ wǒ yě bù tóngyì!

我就是不同意！　난 그냥 무조건 반대야!
Wǒ jiùshì bù tóngyì!

☆ **换做是你** huàn zuò shì nǐ (만약) 너라면, 네 입장이라면

= 换成是你 huànchéng shì nǐ

= 要是你 yàoshì nǐ

换做是你，你会怎么做？　너라면 어떻게 하겠어?
Huàn zuò shì nǐ, nǐ huì zěnme zuò?

☆ **在……背后捅刀子** zài … bèihòu tǒng dāozi ~의 뒤통수를 치다

背信弃义的行为 bèixìn qìyì de xíngwéi 신의를 저버린 행위

我被他插了一刀。　나는 친구에게 뒤통수를 맞았다.
Wǒ bèi tā chāle yì dāo.

1 동사 보이다, 드러내다

显得很单纯 단순해 보이다

A 빅뉴스야! 몇 달 전에 들어온 인사과 샤오왕이 우리 사장님과 사귄대!

大八卦啊，前几个月刚来公司人事部的小王跟老板在一起了！
Dà bāguà a, qián jǐ ge yuè gāng lái gōngsī rénshì bù de Xiǎo Wáng gēn lǎobǎn zài yìqǐ le!

내가 봤을 때 그녀는 매우 단순해 보였는데, 이 소식 믿을 만한 걸까?

我看她显得很单纯，这消息靠谱吗？
Wǒ kàn tā xiǎnde hěn dānchún, zhè xiāoxi kàopǔ ma?

B 내가 봤을 때 네가 단순하네, 대체 뭘 봐서 그녀가 단순하다는 거야?

我看你才单纯，你哪只眼睛看到她单纯呢？
Wǒ kàn nǐ cái dānchún, nǐ nǎ zhī yǎnjing kàndào tā dānchún ne?

내 말 잘 들어, 사람은 겉모습으로는 평가할 수 없고, 좁은 식견으로 헤아릴 수 없는 거야.

我跟你说，"人不可貌相，海水不可斗量"。
Wǒ gēn nǐ shuō, "rén bùkě màoxiàng, hǎi shuǐ bùkě dǒu liáng".

그리고 듣자하니 그녀는 수단 방법을 가리지 않고 사장님을 꼬셨다던대.

还听说她不择手段地勾引人家呢。
Hái tīngshuō tā bùzé shǒuduàn de gōuyǐn rénjiā ne.

WORDS

八卦 bāguà 형 헛소문을 말하다 | 靠谱 kàopǔ 형 믿을 수 있다 | 不择手段 bùzé shǒuduàn 성 수단 방법을 가리지 않다

표현 PLUS+

+ **显胖** xiǎn pàng 뚱뚱해 보이다
+ **显老** xiǎn lǎo 늙어 보이다
+ **显小** xiǎn xiǎo 어려 보이다

别再显富了 돈 자랑 좀 그만해

A 요즘 내가 산 주식이 좀 올라서 돈을 좀 벌었거든.

最近我买的那支股票涨了不少，我赚了一笔钱。
Zuìjìn wǒ mǎi de nà zhī gǔpiào zhǎngle bù shǎo, wǒ zhuànle yì bǐ qián.

근데 돈을 어떻게 써야 좋을지 진짜 모르겠네, 아이디어 좀 줘봐.

但我真不知道这些钱怎么用才合适呢，你给我出出主意呗。
Dàn wǒ zhēn bù zhīdào zhè xiē qián zěnme yòng cái héshì ne, nǐ gěi wǒ chūchu zhǔyi bei.

돈이 아무리 많아도 어쨌든 요긴한 곳에 써야하지 않겠어?

钱再怎么多也总得花在刀刃上，是吧？
Qián zài zěnme duō yě zǒngděi huā zài dāorèn shàng, shì ba?

이상하지, 돈이 생기니까 없을 때보다 더 고민이 많아질 줄 누가 알았겠어.

奇了怪了，谁能想到有钱居然比没钱更觉得烦。
Qí le guài le, shéi néng xiǎngdào yǒu qián jūrán bǐ méi qián gèng juéde fán.

맞다! 너는 이런 기분을 느껴본 적이 없었겠구나?

对了！你没有体会过这种感受吧？
Duìle! Nǐ méiyǒu tǐhuì guo zhè zhǒng gǎnshòu ba?

B 정말 못 참겠네! 돈 자랑 좀 그만해!

我真是受够了！你别再显富了好吗？
Wǒ zhēnshi shòugòu le! Nǐ bié zài xiǎn fù le hǎo ma?

넌 우리 가게 힘든 거 잘 알면서. 일부러 나 화나게 하는 거야?

你又不是不知道我的店经营不善，你是不是故意气我呀？
Nǐ yòu bú shì bù zhīdào wǒ de diàn jīngyíng búshàn, nǐ shì bu shì gùyì qì wǒ ya?

운은 돌고 도는거야! 그러니까 적당히 좀 해!

风水轮流转，所以你还是收敛一点儿吧！
Fēngshuǐ lúnliú zhuàn, suǒyǐ nǐ háishi shōuliǎn yìdiǎnr ba!

WORDS

刀刃 dāorèn 명 요긴한 곳, 결정적인 곳 ┃ 经营不善 jīngyíng búshàn 경영이 부실하다 ┃ 收敛 shōuliǎn 동 (행위, 말 등)
신중하게 하다, 삼가다

☆ **你哪只眼睛看到** nǐ nǎ zhī yǎnjing kàndào 대체 뭘 봐서 ~하다는 거야?

你哪只眼睛看见他是好人了？   대체 뭘 봐서 그가 착한 사람이라는 거야?
Nǐ nǎ zhī yǎnjing kànjiàn tā shì hǎorén le?

☆ **人不可貌相，海水不可斗量** rén bùkě màoxiàng, hǎi shuǐ bùkě dǒu liáng
사람은 겉모습으로는 평가할 수 없고 좁은 식견으로 헤아릴 수 없다

不能以貌取人。   생김새로 사람을 평가하지 마.
Bù néng yǐmào qǔrén.

☆ **花在刀刃上** huā zài dāorèn shàng 요긴한 곳에 사용하다

把钱**花在刀刃上**。   시간을 요긴한 곳에 써라.
Bǎ qián huāzài dāorèn shàng.

☆ **奇了怪了** qí le guài le (참) 이상하네, 웬일이지?

= **莫名其妙** mò míng qí miào

奇了怪了，我明明把钥匙放在桌上，怎么不见了？
Qí le guài le, wǒ míngmíng bǎ yàoshi fàngzài zhuō shang, zěnme bú jiàn le?
이상하네, 분명 열쇠를 책상 위에 뒀는데 왜 없어졌지?

☆ **风水轮流转** fēngshuǐ lúnliú zhuàn 운은 돌고 돈다

别太嚣张了，**风水轮流转**。   너무 오만하게 굴지 마, 운은 돌고 도는 거야.
Bié tài xiāozhāng le, fēngshuǐ lúnliú zhuàn.

☆ **收敛一点儿** shōuliǎn yìdiǎnr 신중하게 행동하다, 삼가다

你说话要**收敛一点儿**。   말을 좀 신중하게 해라.
Nǐ shuōhuà yào shōuliǎn yìdiǎnr.

1 [동사] 제거하다, 없애다

消消气！ 화 푸세요!

A 지난 번에도 내가 모르는 척해준 거 너도 잘 알지?

你也知道，上一次我也是睁一只眼闭一只眼吧？
Nǐ yě zhīdào, shàng yí cì wǒ yě shì zhēng yì zhī yǎn bì yì zhī yǎn ba?

근데 이번에도 또 그 놈이 일 먼저 저지르고 그 다음에 보고를 해?

没想到他这一次居然也先斩后奏了。
Méi xiǎngdào tā zhè yí cì jūrán yě xiānzhǎn hòuzòu le.

걔는 자기가 사장이라고 생각하는 건가? 요즘 성과가 좀 좋다고 날뛰는데 세상물정을 너무 모르는군.

他以为自己是老板吗？最近业绩不错，他嚣张得很，太不知天高地厚了吧。
Tā yǐwéi zìjǐ shì lǎobǎn ma? Zuìjìn yèjì búcuò, tā xiāozhāng de hěn, tài bù zhī tiāngāo dìhòu le ba.

나는 더 이상 못 봐주겠어!

我实在看不下去了！
Wǒ shízài kàn bu xiàqu le!

B 화 푸시고, 그 친구를 너그럽게 봐주세요! 그가 그때 사장님께서 보고하려고 했었는데요,

消消气，您别跟他一般见识，当时他也本来想向您汇报来着，
Xiāoxiao qì, nín bié gēn tā yìbān jiànshi, dāngshí tā yě běnlái xiǎng xiàng nín huìbào láizhe,

사장님께서 마침 출장을 가 계셔서 어쩔 수 없이 자기 생각대로 결정을 내렸습니다.

但是恰好您在出差，他只能自作主张，当机立断了。
dànshì qiàhǎo nín zài chūchāi, tā zhǐ néng zì zuò zhǔzhāng, dāngjī lìduàn le.

어쨌든 그 친구도 좋은 마음으로 한 것이니 질책하지 말아주세요.

反正他也是一片好心，所以请您不要再追究了。
Fǎnzhèng tā yě shì yí piàn hǎoxīn, suǒyǐ qǐng nín bú yào zài zhuījiū le.

WORDS

先斩后奏 xiānzhǎn hòuzòu 성 사후보고하다 | 嚣张 xiāozhāng 형 날뛰다 | 自作主张 zì zuò zhǔzhāng 자기 생각대로 결정하다 | 当机立断 dāngjī lìduàn 성 제때에 즉시 결단하다

2 동사 없애 버리다

消除压力的方式 스트레스를 푸는 방식

A 당신은 게임하는 열정으로 일을 했으면 진작에 성공했을 거야, 당신은 왜 이렇게 욕심이 없어?

你要是把玩儿游戏的热情用在工作上，你早成功了，你怎么这么 没有上进心 呢？

Nǐ yàoshi bǎ wánr yóuxì de rèqíng yòng zài gōngzuò shàng, nǐ zǎo chénggōng le, nǐ zěnme zhème méiyǒu shàngjìn xīn ne?

나는 밖에서 죽기 살기로 돈 벌고 집에 오면 집안 일도 해야 하는데.

我在外边拼死拼活地赚钱，回家还得做家务，

Wǒ zài wàibian pīnsǐ pīnhuó de zhuàn qián, huí jiā hái děi zuò jiāwù,

근데 당신은 뭐야? 온 종일 집에서 게임이나 하고 아무 일도 안 하고.

你可倒好，一整天都在家里玩儿游戏，什么活儿都不干。

nǐ kě dào hǎo, yì zhěng tiān dōu zài jiā li wánr yóuxì, shénme huór dōu bú gàn.

남자가 돈을 벌고 여자가 집안을 돌보는 거, 당신 몰라?

男主外，女主内，这个道理，你不知道吗？

Nán zhǔ wài, nǚ zhǔ nèi, zhège dàolǐ, nǐ bù zhīdào ma?

난 정말 이해를 못 하겠어, 우리 집은 이 두 역할을 왜 다 내가 맡냐고!

我就纳了闷儿了，我们家为什么这两个角色都是我来扮演呢？

Wǒ jiù nàle mènr le, wǒmen jiā wèishénme zhè liǎng ge juésè dōu shì wǒ lái bànyǎn ne?

나는 참을 만큼 참았어, 아니면 우리 그냥……

我已经忍到极限了，要不我们就……

Wǒ yǐjīng rěndào jíxiàn le, yàobù wǒmen jiù …

B 잠깐만! 알겠어! 알겠어! 내가 고치면 되잖아!

打住! 知道了，知道了，我改还不行吗？

Dǎzhù! Zhīdào le, zhīdào le, wǒ gǎi hái bùxíng ma?

不过，这是我唯一的消除压力的方式，偶尔玩儿一次，请你以宽阔的胸怀包容一下。

Búguò, zhè shì wǒ wéiyī de xiāochú yālì de fāngshì, ǒu'ěr wánr yí cì, qǐng nǐ yǐ kuānkuò de xiōnghuái bāoróng yíxià.

WORDS

拼死拼活 pīnsǐ pīnhuó 성 죽기살기로 | 男主为，女主内 nán zhǔ wài, nǚ zhǔ nèi 남자는 밖에서 일하고 여자는 집안일을 한다 | 宽阔 kuānkuò 형 넓다

3 동사 사라지다

A 내가 지켜보니 그녀는 회사 남자 동료들과 일부러 거리를 두는 거 같더라고.

根据我对她的观察，她跟男性同事们刻意保持一定的距离。

Gēnjù wǒ duì tā de guānchá, tā gēn nánxìng tóngshì men kèyì bǎochí yídìng de jùlí.

게다가, 동료들에게 들으니 요 몇 년 동안 많은 남자들이 대쉬를 했는데

而且我听同事们说，这些年以来，很多男生追她，

Érqiě wǒ tīng tóngshì men shuō, zhè xiē nián yǐlái, hěn duō nánshēng zhuī tā,

한 명도 안 받아줬다고 하더라고, 그녀에게 무슨 스토리가 있는건가?

但她居然一个都没接受，她是不是有什么故事啊？

dàn tā jūrán yí ge dōu méi jiēshòu, tā shì bu shì yǒu shénme gùshi a?

B 네가 수정이에 대해서 이렇게 관심을 갖으니, 내가 오늘 이야기 좀 해줄게!

你既然对秀贞这么上心，我今天就八卦一下！

Nǐ jìrán duì Xiùzhēn zhème shàngxīn, wǒ jīntiān jiù bāguà yíxià!

3년 전에 수정이도 불꽃 튀는 사랑을 했었어.

三年前，秀贞也谈过一场轰轰烈烈的恋爱。

Sān nián qián, Xiùzhēn yě tánguo yì chǎng hōnghōnglièliè de liàn'ài.

결국에는 남자가 바람을 피워서 헤어졌는데, 이 때문에 트라우마가 생겼고

结果因为男生劈腿所以掰了，因此给她的心理造成了阴影，

Jiéguǒ yīnwèi nánshēng pītuǐ suǒyǐ bāile, yīncǐ gěi tā de xīnlǐ zàochéng le yīnyǐng,

然后这阴影至今还没有消失。

ránhòu zhè yīnyǐng zhìjīn hái méiyǒu xiāoshī.

前几天她跟我说自己还没有做好重新开始新的恋爱的准备。

Qián jǐ tiān tā gēn wǒ shuō zìjǐ hái méiyǒu zuòhǎo chóngxīn kāishǐ xīn de liàn'ài de zhǔnbèi.

WORDS

刻意 kèyì 〔부〕일부러 | 上心 shàngxīn 〔형〕마음을 쓰다 | 八卦 bāguà 〔동〕이러쿵저러쿵 이야기하다 | 轰轰烈烈 hōnghōnglièliè 〔형〕기세가 드높다 | 劈腿 pǐtuǐ 〔동〕양다리를 걸치다, 외도하다 | 阴影 yīnyǐng 〔명〕그늘, 음영, 트라우마

☆ **회화의 高手**

☆ **不知天高地厚** bù zhī tiāngāo dìhòu 세상물정 모르고 너무 날뛴다

初生牛犊不怕虎。 하룻강아지 범 무서운 줄 모른다.
Chū shēng niúdú bú pà hǔ.

☆ **没有上进心** méiyǒu shàngjìn xīn 성공하려는 욕심이 없다

他这个人真不争气。 그는 정말 무기력해.
Tā zhège rén zhēn bù zhēngqì.

☆ **我就纳了闷儿了。** 난 도저히 이해가 안 돼.
Wǒ jiù nàle mènr le.

= 我就不明白。
　Wǒ jiù bù míngbai.

☆ **打住!** Dǎzhù! (상대의 말을 끊으며) 잠깐만!

= 打断一下!
　Dǎduàn yíxià!

别打岔! (끼어드는 상대에게) 끼어들지 마!
Bié dǎchà!

☆ **阴影至今还没有消失** 트라우마가 지금까지 사라지지 않았다
yīnyǐng zhìjīn hái méiyǒu xiāoshī

从失恋的阴影中走出来 실연의 트라우마에서 벗어나다
cóng shīliàn de yīnyǐng zhōng zǒu chūlai

No 54. 珍惜 zhēnxī

1 [동사] 소중히 여기다

珍惜每个细节　모든 사소한 부분을 소중히 여기다

A 내부 비공개 소식인데, 회사에서 이번 프로젝트 책임을 너에게 맡기기로 결정했어!

内部消息，公司决定，把这次项目交给你负责！
Nèibù xiāoxi, gōngsī juédìng, bǎ zhè cì xiàngmù jiāo gěi nǐ fùzé!

내일 정식으로 통지한 후에 회사에서 프로젝트 진행 전권을 너에게 일임할 거야.

公司明天正式通知这个消息，然后会让你全权负责落实项目。
Gōngsī míngtiān zhèngshì tōngzhī zhège xiāoxi, ránhòu huì ràng nǐ quánquán fùzé luòshí xiàngmù.

너 입만 열면 프로젝트 책임자가 되고 싶다고 했었잖아, 네 꿈이 이루어졌네!

你不是张口闭口都说自己想当一个项目的负责人嘛，梦想成真了！
Nǐ bú shì zhāngkǒu bìkǒu dōu shuō zìjǐ xiǎng dāng yí ge xiàngmù de fùzé rén ma, mèngxiǎng chéng zhēn le!

너의 직속 상관으로서 당부하는데, 모든 사소한 부분을 소중히 여겨야 해.

作为你的顶头上司，我嘱咐你一句，你得珍惜每个细节。
Zuòwéi nǐ de dǐngtóu shàngsi, wǒ zhǔfù nǐ yí jù, nǐ děi zhēnxī měi ge xìjié.

이 말을 꼭 기억해! '사소한 부분이 전체를 결정짓는다'.

你应该记住这句话，"细节决定一切"。
Nǐ yīnggāi jìzhù zhè jù huà, "xìjié juédìng yíqiè".

B 더 열심히 해서 회사의 기대에 어긋나지 않도록 하겠습니다!

我一定再接再厉，不辜负公司对我的期望！
Wǒ yídìng zàijiē zàilì, bù gūfù gōngsī duì wǒ de qīwàng!

WORDS

内部消息 nèibù xiāoxi 내부 비공개 소식 ｜ 落实 luòshí [동] 실시하다, 실행하다 ｜ 细节 xìjié [명] 사소한 부분 ｜ 再接再厉 zàijiē zàilì [성] 한층 더 분발하다

+ 珍惜这一次难得的机会。　얻기 힘든 이 기회를 소중히 여겨라.
Zhēnxī zhè yí cì nándé de jīhuì.

+ 珍惜现在拥有的。　현재 소유하고 있는 것들을 소중히 여겨라.
Zhēnxī xiànzài yōngyǒu de.

2 동사 소중히 여기다

珍惜身边的人　옆에 있는 사람에게 잘하다

A　내가 요 며칠 널 관찰한 바에 의하면 말야, 넌 옆에 있는 사람에게 잘하는 법을 좀 배워야겠더라.

根据这些日子我对你的观察，你得学会珍惜身边的人。
Gēnjù zhèxiē rìzi wǒ duì nǐ de guānchá, nǐ děi xuéhuì zhēnxī shēnbiān de rén.

특히 네 엄마에게 말야, 너의 말투와 행동으로 봤을 때 넌 엄마를 너무 막 대해.

尤其是你妈妈，从你对她的语气和行动来看，你太不珍惜你妈妈了。
Yóuqí shì nǐ māma, cóng nǐ duì tā de yǔqì hé xíngdòng lái kàn, nǐ tài bù zhēnxī nǐ māma le.

한 지붕 아래 살면서 가끔 티격태격 하는 건 어쩔 수 없는 거지만.

你说住在同一屋檐下，偶尔磕磕碰碰是在所难免的事吧。
Nǐ shuō zhùzài tóngyì wūyán xià, ǒu'ěr kēkē pèngpèng shì zài suǒ nánmiǎn de shì ba.

나는 오히려 네가 엄마와 함께 살 수 있다는 게 너무 부러워. 가족과 함께 살면 서로 돌봐줄 수 있잖아.

我倒挺羡慕你能跟妈妈一块儿住呢，跟家人住在一起还能互相有个照应嘛。
Wǒ dào tǐng xiànmù nǐ néng gēn māma yíkuàir zhù ne, gēn jiārén zhù zài yìqǐ hái néng hùxiāng yǒu ge zhàoyìng ma.

B　가끔 함께 살면 당연히 좋은 일이지, 근데 매일 함께 살면 결코 좋은 일은 아니야.

偶尔住在一起确实是好事，不过天天一块儿住的话，这并不是好事。
Ǒu'ěr zhù zài yìqǐ quèshí shì hǎoshì, búguò tiān tiān yíkuàir zhù dehuà, zhè bìng bú shì hǎoshì.

하루 온 종일 엄마 때문에 나는 개인공간 자체가 없다고, 뿐만 아니야……

我妈整天搞得我一点儿私人空间都没有，不仅如此……
Wǒ mā zhěngtiān gǎo de wǒ yìdiǎnr sīrén kōngjiān dōu méiyǒu, bùjǐn rúcǐ …

难道你没有听过这句话？ "家家都有本难念的经"。

Nándào nǐ méiyǒu tīngguo zhè jù huà? "Jiā jiā dōu yǒu běn nán niàn de jīng".

WORDS

屋檐 wūyán 명 처마 | 磕磕碰碰 kēkē pèngpèng 티격태격하다 | 在所难免 zài suǒ nánmiǎn 피할 수 없다, 불가피하다 | 照应 zhàoyìng 동 돌보다, 보살펴 주다

☆ 회화의 高手

☆ **张口闭口都** zhāngkǒu bìkǒu dōu 입만 열면 ~ 타령이다

他张口闭口都是钱。　그는 입만 열면 돈타령이다.
Tā zhāngkǒu bìkǒu dōu shì qián.

他把 "没钱" 这句话挂在嘴上。　그는 '돈 없다'는 말을 입에 달고 산다.
Tā bǎ "méi qián" zhè jù huà guà zài zuǐ shàng.

☆ **互相有个照应** hùxiāng yǒu ge zhàoyìng 서로 챙겨주고 돌봐 주다

互相依赖 hùxiāng yīlài 서로 의존하다

相依相伴 xiāngyī xiāng bàn 서로 의지하다

☆ **搞得我** gǎo de wǒ ~때문에 나는 ~하게 된다

这件事搞得我一点儿脸面都没有了。　이 일 때문에 나는 체면이 말이 아니게 되어 버렸다.
Zhè jiàn shì gǎo de wǒ yìdiǎnr liǎnmiàn dōu méi yǒu le.

No 55. 嫌弃 xiánqì

1 동사 싫어하다

嫌弃我　나를 싫어하다

A 자기야, 한 가지 나에게 약속해 줘!

亲爱的，你得答应我一件事！
Qīn'ài de, nǐ děi dāying wǒ yí jiàn shì!

만약에 어느 날 마음이 변해서 내가 싫어지면 제일 먼저 나에게 말해줘!

如果有一天你移情别恋，嫌弃我了，你就第一时间告诉我！
Rúguǒ yǒu yìtiān nǐ yíqíng biéliàn, xiánqì wǒ le, nǐ jiù dì yī shíjiān gàosu wǒ!

나는 스스로 자존심을 좀 지키고 싶으니까 절대로 숨기지 말고, 알겠어?

我想给自己留点儿尊严，所以你千万不要藏着掖着，知道吗？
Wǒ xiǎng gěi zìjǐ liú diǎnr zūnyán, suǒyǐ nǐ qiānwàn búyào cángzhe yēzhe, zhīdào ma?

내 것이라면 결국 내 것이 되는거고, 내 것이 아니면 억지로 붙잡아도 소용없잖아.

是我的总归是我的，不是我的强留也没用嘛。
Shì wǒ de zǒngguī shì wǒ de, bú shì wǒ de qiáng liú yě méi yòng ma.

B 내가 장담하는데 그런 일은 절대 일어나지 않아, 내 마음속에는 너 밖에 없으니까,

我保证那样的事绝对不会发生的，因为我心里只有你一个，
Wǒ bǎozhèng nàyàng de shì juéduì bú huì fāshēng de, yīnwèi wǒ xīnlǐ zhǐyǒu nǐ yí ge,

과거에도 그랬고 지금 그렇고 앞으로도 그럴거야!

过去是，现在是，将来也是！
guòqù shì, xiànzài shì, jiānglái yě shì!

WORDS

移情别恋 yíqíng biéliàn 변심하다 | 尊严 zūnyán 명 존엄, 자존심 | 掖 yē 동 감추다 | 强留 qiáng liú 억지로 붙잡다

希望您不嫌弃 마음에 드셨으면 좋겠어요

A 선생님께서 세심하게 제 아들을 돌봐주셔서 순조롭게 졸업할 수 있었어요.

在老师的细心照顾之下，我儿子才能顺利地毕业。
Zài lǎoshī de xìxīn zhàogù zhī xià, wǒ érzi cái néng shùnlì de bìyè.

제 아들이 중국에서 선생님을 만난 건 정말 복이에요.

我儿子在中国能够遇到您，这就是他的福气。
Wǒ érzi zài Zhōngguó nénggòu yùdào nín, zhè jiùshì tā de fúqi.

제 작은 성의예요, 받아주세요, 마음에 드셨으면 좋겠네요!

☆ **这是我的一份心意，请您收下，还希望您不嫌弃！**
Zhè shì wǒ de yí fèn xīnyì, qǐng nín shōuxià, hái xīwàng nín bù xiánqì!

B 이건 너무 큰 선물이라서 저는 받을 수 없어요, 마음만 받겠습니다.

我不能接受这份礼物，太贵重了，心领了。
Wǒ bù néng jiēshòu zhè fèn lǐwù, tài guìzhòng le, xīnlǐng le.

게다가 선생으로서 학생을 돌보는 건 당연한 일인데요 뭘.

再说，作为一个老师，照顾好学生是天经地义的事嘛。
Zài shuō, zuòwéi yí ge lǎoshī, zhàogù hǎo xuésheng shì tiānjīng dìyì de shì ma.

이렇게 하시면 제 행동의 의미가 사라져 버려요, 그러니 가지고 가세요.

这样做，我这行动的意义就会一扫而空，请您把它拿回去吧。
Zhèyàng zuò, wǒ zhè xíngdòng de yìyì jiù huì yì sǎo ér kōng, qǐng nín bǎ tā ná huíqu ba.

WORDS

福气 fúqi 명 복, 행운 ｜ 天经地义 tiānjīng dìyì 성 불변의 진리 ｜ 一扫而空 yì sǎo ér kōng 사라지다

표현 PLUS+

+ **您不嫌弃的话，我送您一程吧。** 괜찮으시다면 제가 모셔다 드릴게요.
  Nín bù xiánqì dehuà, wǒ sòng nín yì chéng ba.

☆ **藏着掖着** cángzhe yēzhe 숨기다

有什么问题就谈开，不要藏着掖着。
Yǒu shénme wèntí jiù tánkāi, búyào cángzhe yēzhe.
무슨 의견이 있으면 숨기지 말고, 분명하게 말하세요.

不要想藏着掖着，照实说吧。　숨길 생각 말고 바로 말해.
Búyào xiǎng cángzhe yēzhe, zhàoshí shuō ba.

☆ **这是我的一份心意，请您收下，还希望您不嫌弃。**
Zhè shì wǒ de yí fèn xīnyì, qǐng nín shōuxià, hái xīwàng nín bù xiánqì.
제 작은 성의예요, 받아주세요, 마음에 드셨으면 좋겠네요.

奉上薄礼，还望笑纳。　변변치 못한 선물이지만 흔쾌히 받아주시길 바라요.
Fèngshàng bólǐ, hái wàng xiàonà.

= 薄礼微不足道，请笑纳。
　Bólǐ wēibùzúdào, qǐng xiàonà.

1 동사 (~의 범위에) 속하다

成功**属于**持之以恒的人　끈기 있는 사람이 성공하는 법

A 너 오늘 왜 이렇게 풀이 죽었어? 너 답지 않게!

你今天怎么这么垂头丧气呢？这可不是你的风格啊！

Nǐ jīntiān zěnme zhème chuítóu sàngqì ne? Zhè kěbúshi nǐ de fēnggé a!

이런 말 못 들어봤어? '포기하지 않으면 쇠와 돌에도 새길 수 있다'.

你没听说过这句话吗？"锲而不舍，金石可镂"。

Nǐ méi tīngshuō guo zhè jù huà ma? "Qiè'érbùshě, jīnshí kě lòu".

성공은 항상 너처럼 끈기 있는 사람의 것이라고 난 확실히 믿어.

我坚信成功永远**属于**像你这样持之以恒的人。

Wǒ jiānxìn chénggōng yǒngyuǎn shǔyú xiàng nǐ zhèyàng chízhī yǐhéng de rén.

그러니까 힘내! 넌 조만간 재기할 수 있을 거야!

所以你呀，振作起来吧！你早晚会东山再起的！

Suǒyǐ nǐ ya, zhènzuò qǐlai ba! Nǐ zǎowǎn huì dōngshān zàiqǐ de!

B 좋아! 그럼 난 네 말을 한번 믿어볼게!

好吧，那我就信你一次吧！

Hǎo ba, nà wǒ jiù xìn nǐ yí cì ba!

WORDS

垂头丧气 chuítóu sàngqì 성 의기소침하다 ｜ 持之以恒 chízhī yǐhéng 성 끈기를 가지고 지속하다 ｜ 振作 zhènzuò 동
분발하다 ｜ 东山再起 dōngshān zàiqǐ 재기하다

2 동사 (~의 범위에) 속하다

这**属于**个人隐私 이것은 사생활이다

A 알고보니 나만 이 일에 대해서 까맣게 모르고 있었네.

原来就我一个人一直被蒙在鼓里，对这件事情全然不知呢。
Yuánlái jiù wǒ yí ge rén yìzhí bèi méng zài gǔ lǐ, duì zhè jiàn shìqing quánrán bù zhī ne.

너희 둘이 짜고 나를 속인거지, 그렇지?

你们两个合起伙来骗我，是吧？
Nǐmen liǎng ge hé qǐ huǒ lai piàn wǒ, shì ba?

난 평소에 너에게 잘 해줬는데 넌 어떻게 나한테 이렇게 하냐?

我平时待你可不薄，但你竟如此对我？
Wǒ píngshí dài nǐ kě bù báo, dàn nǐ jìng rúcǐ duì wǒ?

일이 이렇게까지 됐으니, 말해봐! 걔가 얼마를 준다고 했길래 나에게까지 숨기는 거야?

事到如今，你就说吧，他到底要给你多少钱，你连我都瞒着呢？
Shì dào rújīn, nǐ jiù shuō ba, tā dàodǐ yào gěi nǐ duōshao qián, nǐ lián wǒ dōu mánzhe ne?

B 이건 사생활이라서 뭐라고 말씀 못 드리는 것을 양해해 주세요.

这**属于**个人隐私，恕我无可奉告。
Zhè shǔyú gèrén yǐnsī, shù wǒ wúkěfènggào.

어쨌든 저는 이 일에 대해서 전혀 부끄러움이 없어요!

总之我对这件事呢，问心无愧！
Zǒngzhī wǒ duì zhè jiàn shì ne, wènxīn wúkuì!

제가 일부러 숨긴 건 아니라는 걸 믿어주세요. 때가 되면 다 말씀드릴게요.

请您相信，我可不是故意瞒着您的。时机成熟了，我就会把一切都告诉您的。
Qǐng nín xiāngxìn, wǒ kěbúshi gùyì mánzhe nín de. Shíjī chéngshú le, wǒ jiù huì bǎ yíqiè dōu gàosu nín de.

WORDS

蒙在鼓里 méng zài gǔ lǐ 오리무중, 아무것도 모르다 ｜ 全然 quánrán 부 전혀 ｜ 合伙 héhuǒ 동 한패가 되다 ｜ 薄 báo 형 (인정이) 메마르다, 야박하다 ｜ 无可奉告 wúkěfènggào 알릴 것이 없다 ｜ 问心无愧 wènxīn wúkuì 성 마음에 부끄러울 바가 없다

没有**属于**自己的时间 자기만의 시간이 없다

A 내 팔자는 왜 이럴까! 이 세상에 가장 불쌍한 사람은 바로 나일 거야!

我的命怎么这么苦啊！我看这世界上最可怜的人肯定是我！
Wǒ de mìng zěnme zhème kǔ a! Wǒ kàn zhè shìjiè shàng zuì kělián de rén kěndìng shì wǒ!

회사 가면 마음 조리며 사장님 눈치 봐야지,

去公司提心吊胆地看老板的脸色，
Qù gōngsī tíxīn diàodǎn de kàn lǎobǎn de liǎnsè,

바이어랑 협상할 때면 상대가 수작 부리지 못하도록 긴장 유지해야지.

跟客户谈判的时候还得保持警惕，免得他们**搞什么名堂**。
gēn kèhù tánpàn de shíhou hái děi bǎochí jǐngtì, miǎnde tāmen gǎo shénme míngtang.

나 정말 피곤하게 살지?

你看我活得多累啊？
Nǐ kàn wǒ huó de duō lèi a?

B 너 와이프 앞에서는 절대 그렇게 말하지 마, 그랬다가는 쫓겨난다.

你可别在你老婆面前说这样的话，要不然你免不了会被扫地出门的。
Nǐ kě bié zài nǐ lǎopo miànqián shuō zhèyàng dehuà, yàobùrán nǐ miǎnbuliǎo huì bèi sǎodì chūmén de.

솔직하게 말하자면 세상에서 가장 불쌍한 사람은 네가 아니라 네 와이프야.

平心而论，世界上最可怜的人不是你而是你老婆。
Píngxīn'érlùn, shìjiè shàng zuì kělián de rén bú shì nǐ ér shì nǐ lǎopo.

혼자 애 둘을 보느라 마음대로 뭘 할 수도 없고, 하루 종일 자기 시간이 없잖아.

她自己看两个孩子简直身不由己，没有**属于**自己的时间。
Tā zìjǐ kān liǎng ge háizi jiǎnzhí shēn bù yóu jǐ, méiyǒu shǔyú zìjǐ de shíjiān.

삼시세끼 밥해야 하고 첫째 학교 보내고 픽업하고,

每天一日三餐，又洗又煮，接送老大上学，
Měitiān yí rì sān cān, yòu xǐ yòu zhǔ, jiēsòng lǎodà shàngxué,

晚上好不容易把老二哄睡着，到凌晨两三点才能睡觉，
wǎnshàng hǎobù róngyì bǎ lǎo èr hǒng shuìzháo, dào língchén liǎng sān diǎn cái néng shuìjiào,

你看谁更可怜呢？
nǐ kàn shéi gèng kělián ne?

WORDS

提心吊胆 tíxīn diàodǎn 성 마음이 조마조마하다 | 扫地出门 sǎodì chūmén 성 모든 재산을 빼앗아 내쫓다 | 身不由己 shēn bù yóu jǐ 몸이 자기 마음대로 되지 않다 | 一日三餐 yí rì sān cān 삼시세끼

☆ 회화의 高手

☆ **振作起来** zhènzuò qǐlai 힘내

　= **振奋起来** zhènfèn qǐlai

　打起精神来！　정신 차려!
　Dǎqǐ jīngshen lai!

☆ **你们两个合起伙来** nǐmen liǎng ge héqǐ huǒ lai 너희 둘이 짜다

　他们俩串通好了骗我。　그들 둘이 짜고 날 속였어.
　Tāmen liǎ chuàntōng hǎo le piàn wǒ.

☆ **时机成熟了** shíjī chéngshú le (어떤 일을 하기에) 적절한 때가 무르익었다, 여건이 갖춰졌다

　水到渠成 shuǐ dào qú chéng 조건이 갖춰지면 일은 자연히 성사된다

　瓜熟蒂落 guā shú dì luò 때가 무르익으면 일이 자연히 성사된다

☆ **搞什么名堂** gǎo shénme míngtang 무슨 수작을 부리다

　你在搞什么鬼？　너 지금 무슨 수작을 부리는거야?
　Nǐ zài gǎo shénme guǐ?

　不知道葫芦里卖的什么药。　무슨 꿍꿍이셈이 있는지 모르겠다.
　Bù zhīdào húlú li mài de shénme yào.

☆ **平心而论** píngxīn'érlùn 냉정하게 말하다

　开诚布公地说 kāichéng bùgōng de shuō 허심탄회하게 말하다

No 57. 把握 bǎwò

1 동사 잡다

> **把握**住千载难逢的好**机会** 좀처럼 만나기 힘든 기회를 잡다

A 내가 말했잖아 절대 실수하면 안 된다고, 무슨 수를 써서라도 이 힘든 기회를 잡으라고!

我不是说了吗? 你千万别*掉什么链子，要千方百计地**把握**住这千载难逢的好**机会**!

Wǒ bú shì shuōle ma? Nǐ qiānwàn bié diào shénme liànzi, yào qiānfāng bǎijì de bǎwò zhù zhè qiānzǎi nánféng de hǎo jīhuì!

너 면접 가기 전에 또 영어 자기소개 충분히 준비 안 했지?

你去面试前又没有充分准备英语自我介绍吧?

Nǐ qù miànshì qián yòu méiyǒu chōngfèn zhǔnbèi Yīngyǔ zìwǒ jièshào ba?

너 또 내 말 건성으로 들었네?

你又把我的话*当耳旁风了吧?

Nǐ yòu bǎ wǒ de huà dàng ěrpángfēng le ba?

B 너는 왜 그렇게 항상 남의 약점을 건드리냐?

你怎么总是哪壶不开提哪壶啊?

Nǐ zěnme zǒngshì nǎ hú bù kāi tí nǎ hú a?

너는 내 가장 치명적인 약점이 영어라는 거 잘 알면서, 어떻게 약점을 건드릴 수 있어?

你又不是不知道我最致命的弱点是英语，怎么能往伤口上撒盐呢?

Nǐ yòu bú shì bù zhīdào wǒ zuì zhìmìng de ruòdiǎn shì Yīngyǔ, zěnme néng wǎng shāngkǒu shàng sǎ yán ne?

WORDS

掉链子 diào liànzi 잘못이나 실수를 저지르다 ┃ 千载难逢 qiānzǎi nánféng 성 좀처럼 얻기 힘든 좋은 기회 ┃ 耳旁风 ěrpángfēng 명 건성으로 들은 말 ┃ 哪壶不开提哪壶 nǎ hú bù kāi tí nǎ hú (일부러) 하필이면 끓지 않은 주전자를 들어 그 물로 차를 우려내 주다, 일부러 남의 약점만을 들추어 난처하게 만들다 ┃ 致命 zhìmìng 동 치명적이다 ┃ 伤口上撒盐 shāngkǒu shàng sǎ yán 상처 위에 소금을 뿌리다, 아픈 곳을 건드리다

196

对考试很有**把握** 시험에 매우 자신이 있다

A 이번 시험 어떻게 봤어? 너 나한테 기대하라고 했잖아?

这次考试考得如何？你不是跟我说拭目以待吗？

Zhè cì kǎoshì kǎo de rúhé? Nǐ bú shì gēn wǒ shuō shìmùyǐdài ma?

그리고 너 80점 이상 못 받으면 3일 동안 밥 쏜다고 한 거 기억하지?

然后你还记得你说过如果你拿不到80分以上，你就请我吃三天的饭吧？

Ránhòu nǐ hái jìde nǐ shuōguo rúguǒ nǐ ná bu dào bāshí fēn yǐshàng, nǐ jiù qǐng wǒ chī sān tiān de fàn ba?

남자가 말을 말하면 꼭 지켜야 하는 거야! 그때 가서 발뺌하지 말고!

☆君子一言，驷马难追，到时候你可别耍赖！

Jūnzǐ yì yán, sìmǎ nán zhuī, dào shíhou nǐ kě bié shuǎlài!

B 내가 80점 넘으면 네 자전거는 내 거라고 한 거 너도 기억하고 있지?

那你也还记得你说过如果我拿到了80分以上的话，你的自行车就归我了吧？

Nà nǐ yě hái jìde nǐ shuōguo rúguǒ wǒ nádào le bāshí fēn yǐshàng dehuà, nǐ de zìxíngchē jiù guī wǒ le ba?

그거 알아? 난 이번 시험에 엄청 자신 있거든, 고마워 자전거!

你知道吗？我**对**这次考试很有**把握**，谢谢你的自行车！

Nǐ zhīdào ma? Wǒ duì zhè cì kǎoshì hěn yǒu bǎwò, xièxie nǐ de zìxíngchē!

약속 안 지키는 놈은 진짜 나쁜 놈이다!

☆谁食言谁就是孙子！

Shéi shíyán shéi jiùshì sūnzi!

WORDS

拭目以待 shìmùyǐdài 성 눈을 비비며 기다리다 | 耍赖 shuǎlài 동 시치미 떼다, 억지를 부리다

☆ **掉链子** diào liànzi 실수를 저지르다

不能出岔子 bù néng chū chàzi 착오가 생기면 안 되다

= 不要出任何差错 búyào chū rènhé chācuò

可别出娄子。　절대 실수하지 마.
Kě bié chū lóuzi.

☆ **当耳旁风** dàng ěrpángfēng 한 귀로 듣고 한 귀로 흘리다

对牛弹琴 duìniú tánqín 소 귀에 경 읽기(우이독경)

☆ **君子一言，驷马难追** jūnzǐ yì yán, sìmǎ nán zhuī 말을 한 번 하면 반드시 지킨다

= 一言既出，驷马难追 yìyán jìchū, sìmǎ nánzhuī

☆ **谁……谁就是孙子** shéi … shéi jiùshì sūnzi ~하는 사람은 나쁜 놈이다

谁不来谁就是孙子。　안 오는 사람은 진짜 나쁜 놈인 거야.
Shéi bù lái shéi jiùshì sūnzi.

① 〔동사〕 정통하다, 파악하다

掌握职场上的业务窍门儿 직장 내에서의 업무 요령을 파악하다

A 자! 축하해! 네가 드디어 성공의 첫 걸음을 내딛었구나!

来！庆祝一下！你这万里长征第一步总算迈出去了！
Lái! Qìngzhù yíxià! Nǐ zhè wàn lǐ chángzhēng dì yī bù zǒngsuàn mài chūqu le!

이제 막 회사에 들어간 사회 초년생으로서

作为一个刚步入社会的公司员工，
Zuòwéi yí ge gāng bùrù shèhuì de gōngsī yuángōng,

너의 지금 가장 중요한 일은 직장 내 업무 요령을 파악하는 거야.

你现在的头等大事就是掌握职场上的业务窍门儿。
nǐ xiànzài de tóuděng dàshì jiùshì zhǎngwò zhíchǎng shàng de yèwù qiàoménr.

그래야만 가장 빠른 속도로 회사에서 자리 잡을 수 있고,

这样才能够以最快的速度在公司里立足，
Zhèyàng cái nénggòu yǐ zuì kuài de sùdù zài gōngsī li lìzú,

동시에 스스로를 업그레이드시킬 수 있어.

与此同时，还能够让你自己更上一层楼。
yǔ cǐ tóngshí, hái nénggòu ràng nǐ zìjǐ gèng shàng yì céng lóu.

근데 너무 걱정은 하지 마! 내가 너의 든든한 지원군이잖아!

但，你不要太担心了！我是你最坚强的后盾！
Dàn, nǐ búyào tài dānxīn le! Wǒ shì nǐ zuì jiānqiáng de hòudùn!

B 고마워 형! 다 형 덕분이야, 형에게 또 신세를 졌네!

谢谢哥，多亏了你，我又欠了你的人情！
Xièxie gē, duōkuī le nǐ, wǒ yòu qiànle nǐ de rénqíng!

WORDS

万里长征 wàn lǐ chángzhēng 성 멀고 힘든 여정 | 窍门儿 qiàoménr 명 비결 | 头等大事 tóuděng dàshì 명 가장 중요한 큰일 | 立足 lìzú 동 일어서다, 발붙이다

표현 PLUS+

+ **掌握**知识 zhǎngwò zhīshi 지식을 파악하다
+ **掌握**情况 zhǎngwò qíngkuàng 상황을 파악하다
+ **掌握**技术 zhǎngwò jìshù 기술에 정통하다
+ **掌握**汉语 zhǎngwò Hànyǔ 중국어에 정통하다

2 동사 장악하다, 지배하다

个人的命运由个人掌握 자신의 운명을 스스로 컨트롤하다

A 저 사람들의 인생은 우리와는 완전히 달라, 어려서부터 아무런 걱정이 없다고.

他们的人生跟我们迥然不同，他从小就根本不愁吃不愁穿。

Tāmen de rénshēng gēn wǒmen jiǒngrán bù tóng, tā cóngxiǎo jiù gēnběn bù chóu chī bù chóu chuān.

게다가 그들은 우월한 조건을 갖고 있는데 우리가 뭘 가지고 그들과 경쟁할 수 있겠어?

再说他们拥有得天独厚的条件，我们拿什么跟他们比呢？

Zài shuō tāmen yōngyǒu détiāndúhòu de tiáojiàn, wǒmen ná shénme gēn tāmen bǐ ne?

B 우리가 출생한 집안, 생김새 등의 요소는 선택할 수 없지만,

我们出生的家庭，相貌等因素，我们自己不能选择，

Wǒmen chūshēng de jiātíng, xiàngmào děng yīnsù, wǒmen zìjǐ bù néng xuǎnzé,

이건 일부분일 뿐이야, 사람의 운명은 이런 요소들로만 결정되는게 아니라고.

但这仅仅是一部分而已，人的命运并不是由这些因素决定的。

dàn zhè jǐnjǐn shì yí bùfen éryǐ, rén de mìngyùn bìng bú shì yóu zhèxiē yīnsù juédìng de.

인생과 운명은 주로 후천적인 노력에 달려 있는 법이지.

人生和命运，主要取决于个人后天的努力。

Rénshēng hé mìngyùn, zhǔyào qǔjué yú gèrén hòutiān de nǔlì.

所以我们时时刻刻都要记住，个人的命运由个人掌握！

Suǒyǐ wǒmen shíshí kèkè dōu yào jìzhù, gèrén de mìngyùn yóu gèrén zhǎngwò!

세상에 이길 수 없는 시련은 없는 법이야!

世界上没有过不了的坎儿！

Shìjiè shàng méiyǒu guò bu liǎo de kǎnr!

WORDS

迥然不同 jiǒngrán bù tóng 성 완전히 다르다 | 得天独厚 détiāndúhòu 성 특별하고 좋은 조건을 갖추다 | 因素 yīnsù 명 요소, 원인, 조건 | 取决于 qǔjué yú ~에 달려 있다 | 坎儿 kǎnr 명 고비

☆ **회화의 高手**

☆ **万里长征第一步总算迈出去了** 힘든 여정의 첫 걸음을 드디어 내딛었다
wàn lǐ chángzhēng dì yī bù zǒngsuàn mài chūqu le

她向成功迈出了第一步。 그녀는 성공을 향해 첫 걸음을 내딛었다.
Tā xiàng chénggōng màichū le dì yī bù.

☆ **更上一层楼** gèng shàng yì céng lóu 한 단계 더 올라가다

进一步提升自己 jìnyíbù tíshēng zìjǐ 한 걸음 더 자신을 업그레이드 시키다

☆ **你最坚强的后盾** nǐ zuì jiānqiáng de hòudùn 너의 가장 든든한 지원군

我给你撑腰！ 내가 널 후원해 줄게!
Wǒ gěi nǐ chēngyāo!

撑腰 chēngyāo 동 지지해 주다, 뒷받침해 주다

☆ **欠了……的人情** ~의 호의(도움)를 받았고, (그 은혜/호의를 아직 갚지 못해) 빚졌다
qiànle … de rénqíng

= 欠……一份情 qiàn … yí fèn qíng

这次多亏你了，我欠了你的人情，改天一定请你吃饭。
Zhè cì duō kuī nǐ le, wǒ qiànle nǐ de rénqíng, gǎitiān yídìng qǐng nǐ chīfàn.

이번엔 네 덕분이야. 너한테 신세졌으니, 다음에 꼭 밥 살게.

☆ **不愁吃不愁穿** bù chóu chī bù chóu chuān 먹고 살 걱정이 없다

过小康的日子 guò xiǎokāng de rìzi 먹고 살 만한 날을 보내다

小康 xiǎokāng 형 먹고 살 만하다, 지낼 만하다

1 동사 ~만 못하다

多事**不如**少事 괜한 일 만들지 않는 게 좋아

A 내 친구 지금 처지가 별로 좋지가 않아.

我的朋友他现在的处境不太乐观。
Wǒ de péngyou tā xiànzài de chǔjìng bú tài lèguān.

전체 상황이 돌아가는 걸로 봤을 때, 내 친구는 누명을 벗기 힘들 거 같은데,

从这整个情况的经过来看，他真是跳进黄河也洗不清了，
Cóng zhè zhěngge qíngkuàng de jīngguò lái kàn, tā zhēn shì tiàojìn Huáng Hé yě xǐ bu qīng le,

상황이 얼마나 비관적이든 간에 나는 친구로서 나서서 도와줘야 해.

无论情况多么悲观，我作为一个朋友应该为他挺身而出，两肋插刀。
wúlùn qíngkuàng duōme bēiguān, wǒ zuòwéi yí ge péngyou yīnggāi wèi tā tǐngshēn ér chū,
liǎnglèi chādāo.

언제 휴가를 내고 그에게 가서 도움이 필요한 게 뭔지 물어봐야 겠어.

我打算哪一天请个假去找他问问需要什么帮助。
Wǒ dǎsuàn nǎ yì tiān qǐng ge jià qù zhǎo tā wènwen xūyào shénme bāngzhù.

아니다! 생각한 김에 오늘 가는 게 좋겠어! 내 대신 회사에 휴가 좀 내줘!

不！择日**不如**撞日，还是现在去吧，你替我向公司请个假吧！
Bù! Zé rì bùrú zhuàng rì, háishi xiànzài qù ba, nǐ tì wǒ xiàng gōngsī qǐng ge jià ba!

B 아서라 아서! 괜한 일 만들지 마 , 네가 가봐야 문제만 더 일으킬 뿐이야.

省省吧！多一事**不如**少一事，你去只会给他添乱。
Shěngsheng ba! Duō yí shì bùrú shǎo yí shì, nǐ qù zhǐ huì gěi tā tiānluàn.

네 친구에게 지금 필요한 건 너의 관심이 아니라 뭔가 실질적인 도움이야, 알겠어?

他现在最需要的不是你的关心而是实质性的帮助，知道吗?
Tā xiànzài zuì xūyào de bú shì nǐ de guānxīn ér shì shízhì xìng de bāngzhù, zhīdào ma?

WORDS

跳进黄河也洗不清 tiàojìn Huáng Hé yě xǐ bu qīng 황허에 뛰어들어도 깨끗하게 씻어버릴 수 없다, 아무리 해도 오명을 벗을 수 없다 | 挺身而出 tǐngshēn ér chū 성 곤란한 일에 용감히 나서다 | 两肋插刀 liǎnglèi chādāo 성 (~를 위해) 위험을 무릅쓰다

표현 PLUS+

+ 你连狗都**不如**。　너는 개만도 못해.
  Nǐ lián gǒu dōu bùrú.

+ 他连禽兽都**不如**。　그는 짐승만도 못하다.
  Tā lián qínshòu dōu bùrú.

+ 在他的眼里，我连陌生人都**不如**。　그 사람 눈에 나는 모르는 사람만도 못하다.
  Zài tā de yǎn li, wǒ lián mòshēng rén dōu bùrú.

2 동사 ~하는 편이 낫다

与其半途而废，还**不如**干脆不开始
중간에 그만둘 바에야 차라리 시작하지 않는 편이 낫다

A 여기가 바로 내 인생의 첫 번째 창업의 성지야!

这里就是我人生当中第一次创业的圣地！
Zhèlǐ jiùshì wǒ rénshēng dāngzhōng dì yī cì chuàngyè de shèngdì!

어때? 비록 공간이 크지는 않지만 있을 건 다 있어, 너도 심심할 때 놀러와!

你看怎么样？麻雀虽小，五脏俱全，你无聊时也过来坐坐！
Nǐ kàn zěnmeyàng? Máquè suī xiǎo, wǔzàng jùquán, nǐ wúliáo shí yě guòlái zuòzuo!

어쨌든 할 일도 없는데 한 번 해보고 안 되면 포기하지 뭐.

反正我现在闲着也是闲着，先试试不行了就放弃呗。
Fǎnzhèng wǒ xiànzài xiánzhe yě shì xiánzhe, xiān shìshi bùxíng le jiù fàngqì bei.

뭐 내가 돈이 없는 것도 아니고 그냥 좀 놀아보려고!

我又**不缺钱**，随便玩儿玩儿吧！
Wǒ yòu bù quēqián, suíbiàn wánrwanr ba!

B (질투하며) 중간에 그만 둘 바에야 차라리 시작하지 않는 편이 낫지.

(羡慕嫉妒恨) 与其半途而废，还**不如**干脆不开始。
(xiànmù jídù hèn) Yǔqí bàntú'érfèi, hái bùrú gāncuì bù kāishǐ.

换作是我的话，我不敢当啃老族……所以我就选择了自食其力的生活。
Huàn zuò shì wǒ dehuà, wǒ bùgǎn dāng kěnlǎozú … Suǒyǐ wǒ jiù xuǎnzé le zìshí qílì de shēnghuó.

WORDS

半途而废 bàntú'érfèi 〔성〕 중도에 포기하다 | 啃老族 kěnlǎozú 캥거루족(부모에게 의지해 사는 젊은이) | 自食其力 zìshí qílì 〔성〕 자기 힘으로 생존하다

★ 회화의 高手

☆ **择日不如撞日** Zé rì bùrú zhuàng rì 날 정하지 말고 오늘 하자

多事不如少事。 　괜한 일을 만들지 말자.
Duō shì bùrú shǎo shì.

长痛不如短痛。 　오랜 고통보다 짧게 고통받는 게 낫다.
Chángtòng bùrú duǎntòng.

恭敬不如从命。 　더 사양하지 않고 받겠습니다(예의 차리는 것보다 따르는 게 낫다).
Gōngjìng bùrú cóngmìng.

来得早不如来得巧。 　때마침 잘 왔어(일찍 오는 것보다 적절한 때에 오는 게 낫다).
Lái de zǎo bùrú lái de qiǎo.

☆ **不缺钱** bù quēqián 돈이 모자라지 않다

= 不差钱 bú chà qián

① [동사] 승낙하다

既然他承诺了　그가 승낙한 이상

A (질투) 신났네 아주! 기뻐하기에는 너무 이른 거 아냐?

(嫉妒) 看把你乐的！你别高兴得太早。
(jídù) Kàn bǎ nǐ lè de! Nǐ bié gāoxìng de tài zǎo.

아직 어떻게 될지 모르는 일이잖아, 뭘 하든 겸손하는 게 좋아!

八字还没一撇呢，做事还是低调好！
Bāzì hái méi yì piě ne, zuòshì háishi dīdiào hǎo!

만약 승진 못하면 창피하잖아, 그러니까 스스로에게 여지를 남겨 두는 게 좋아.

万一没升上去，弄得你没面子，所以最好给自己留条后路吧。
Wànyī méi shēng shàngqu, nòng de nǐ méi miànzi, suǒyǐ zuìhǎo gěi zìjǐ liú tiáo hòulù ba.

B 이사장님도 이번 승진 대상은 내가 아니면 안 된다고 나에게 기회를 주시겠다고 약속하셨다는데,

董事长都说了这次升职对象非我莫属，还答应了给我机会，
Dǒngshìzhǎng dōu shuōle zhè cì shēngzhí duìxiàng fēi wǒ mò shǔ, hái dāying le gěi wǒ jīhuì,

이사장님이 승낙한 이상 이건 이미 틀림없는 일 아니겠어? 네 생각은 어때?

既然他承诺了，这不是板上钉钉的事吗？你说呢？
jìrán tā chéngnuò le, zhè bú shì bǎnshàng dìngdīng de shì ma? Nǐ shuō ne?

WORDS

八字还没一撇 bāzì hái méi yì piě 여덟 팔(八) 자의 삐침도 아직 긋지 않다, 아직 어떻게 될지 모른다 | 低调 dīdiào [형] 떠벌리지 않다, 겸손하다 | 后路 hòulù [명] 퇴로 | 板上钉钉 bǎnshàng dìngdīng [성] 이미 결정되어 변경할 수 없다

❶ 兑现承诺　언약을 지키다　　❷ 许下承诺　언약을 하다

A 3개월 전인가, 걔가 나에게 자기 요즘 경제적으로 힘들다며 돈을 빌려달라고 하더라고.

三个月以前吧，他跟我说自己最近手头很紧，问我 能不能通融一下。
Sān ge yuè yǐqián ba, tā gēn wǒ shuō zìjǐ zuìjìn shǒutóu hěn jǐn, wèn wǒ néng bu néng tōngróng yíxià.

불쌍하기 짝이 없는 모습을 보니까, 죽어가는 걸 보고 그냥 둘 수가 없잖아.

我看他那可怜兮兮的样子，我也不能见死不救嘛。
Wǒ kàn tā nà kělián xīxī de yàngzi, wǒ yě bù néng jiàn sǐ bú jiù ma.

마음이 약해지더라, 더군다나 주식 투자한 거 돈 벌면 두 배로 준다고 하잖아.

我心软了，再说，他答应我自己的股份涨了之后会还我两倍。
Wǒ xīnruǎn le, zài shuō, tā dāying wǒ zìjǐ de gǔfèn zhǎngle zhīhòu huì huán wǒ liǎng bèi.

그래서 두말 않고 빌려줬지, 듣자니 주식이 엄청 올랐다는데

后来我二话没说借他钱了，听说他的股票涨了很多，
Hòulái wǒ èrhuà méi shuō jiè tā qián le, tīngshuō tā de gǔpiào zhǎngle hěn duō,

한 달이 지났는데 오늘까지 약속을 안 지키네!

都过了一个月了，他至今还没有兑现承诺！
dōu guòle yí ge yuè le, tā zhìjīn hái méiyǒu duìxiàn chéngnuò!

B 넌 정말 살아있는 레이펑이다! 이건 누가 봐도 널 속인 거잖아!

哎呦，你真是个活雷锋， 这不是明摆着骗你吗?
Āiyōu, nǐ zhēnshi ge huó Léi Fēng, zhè bú shì míngbǎi zhe piàn nǐ ma?

'화장실 들어갈 때와 나올 때가 다르다'는 말도 모르냐?

你不知道"过河拆桥"这句话吗?
Nǐ bù zhīdào "guòhé chāiqiáo" zhè jù huà ma?

걔가 급하니까 너에게 아무렇게나 약속을 해버린 거야.

他当时太急了，随便跟你许下的承诺嘛。
Tā dāngshí tài jí le, suíbiàn gēn nǐ xǔxià de chéngnuò ma.

通融 tōngróng [통] 융통하다 | 可怜兮兮 kělián xīxī 불쌍하기 짝이 없다 | 见死不救 jiàn sǐ bú jiù [성] 죽는 걸 보고
도 돕지 않는다 | 心软 xīnruǎn 마음이 여리다 | 二话没说 èrhuà méi shuō 두말없이 | 雷锋 Léi Fēng [명] 레이펑
(1940~1962, 중화인민공화국 인민 영웅의 한 사람으로 섬김의 대명사로 여겨짐) | 过河拆桥 guòhé chāiqiáo [성] 강을 건넌
뒤 다리를 부숴 버리다, 배은망덕하다

표현 PLUS+

+ 违背承诺 wéibèi chéngnuò 약속(언약)을 어기다

☆ 회화의 高手

☆ **看把你乐的** kàn bǎ nǐ lè de 신났네 아주

看把你高兴的。　기뻐하기는.
Kàn bǎ nǐ gāoxìng de.

☆ **给自己留条后路** gěi zìjǐ liú tiáo hòulù 스스로에게 여지를 남겨 두다

别把话说绝了，得留条路。　딱 잘라 말하지 말고 여지를 남겨 둬.
Bié bǎ huà shuō jué le, děi liú tiáo lù.

☆ **非我莫属** fēi wǒ mò shǔ 내가 아니면 안 된다

非你莫属!　무조건 너뿐이야!
Fēi nǐ mò shǔ!

☆ **能不能通融一下** néng bu néng tōngróng yíxià 돈 좀 빌려줘/편의 좀 봐줘

今天不行吗? 能不能通融一下?　오늘 안 되나요? 어떻게 좀 안 될까요?
Jīntiān bù xíng ma? Néng bu néng tōngróng yíxià?

☆ **这不是明摆着** zhè bú shì míngbǎi zhe 이건 누가 봐도 ~잖아

这不是明摆着他喜欢你吗?　이건 누가 봐도 그가 널 좋아하는 거잖아?
Zhè bú shì míngbǎi zhe tā xǐhuan nǐ ma?

이것만은 꼭 기억하기!

No 51. 归 guī

① 동사 **귀속되다, 돌아가다**
这房子归我所有 이 집은 내 소유로 되어 있다

② 동사 **[~는] ~이다**
交情归交情，竞争归竞争 친분은 친분이고, 경쟁은 경쟁이다

No 52. 显 xiǎn

① 동사 **보이다, 드러내다**
显得很单纯 단순해 보이다

② 동사 **드러내다, 자랑하다**
别再显富了 돈 자랑 좀 그만해

No 53. 消 xiāo

① 동사 **제거하다, 없애다**
消消气！ 화 푸세요!

② 동사 **없애 버리다**
消除压力的方式 스트레스를 푸는 방식

③ 동사 **사라지다**
阴影还没有消失 트라우마가 아직 사라지지 않았다

No 54. 珍惜 zhēnxī

① 동사 **소중히 여기다**
珍惜每个细节 모든 사소한 부분을 소중히 여기다

② 동사 **소중히 여기다**
珍惜身边的人 옆에 있는 사람에게 잘하다

No 55. 嫌弃 xiánqì

❶ 동사 싫어하다

嫌弃我 나를 싫어하다

❷ 동사 싫어하다, 불쾌하게 생각하다

希望您不嫌弃 마음에 드셨으면 좋겠어요

No 56. 属于 shǔyú

❶ 동사 〔~의 범위에〕속하다

成功属于持之以恒的人 끈기 있는 사람이 성공하는 법

❷ 동사 〔~의 범위에〕속하다

这属于个人隐私 이것은 사생활이다

❸ 동사 〔~의 범위에〕속하다

没有属于自己的时间 자기만의 시간이 없다

No 57. 把握 bǎwò

❶ 동사 잡다

把握住千载难逢的好机会 좀처럼 만나기 힘든 기회를 잡다

❷ 명사 자신, 성공의 가능성

对考试很有把握 시험에 매우 자신이 있다

No 58. 掌握 zhǎngwò

❶ 동사 정통하다, 파악하다

掌握职场上的业务窍门儿 직장 내에서의 업무 요령을 파악하다

❷ 동사 장악하다, 지배하다

个人的命运由个人掌握 자신의 운명을 스스로 컨트롤하다

No 59. 不如 bùrú

❶ 동사 ~만 못하다

多事不如少事 괜한 일 만들지 않는 게 좋아

❷ 동사 ~하는 편이 낫다

与其半途而废，还不如干脆不开始 중간에 그만둘 바에야 차라리 시작하지 않는 편이 낫다

No 60. 承诺 chéngnuò

❶ 동사 승낙하다

既然他承诺了 그가 승낙한 이상

❷ 명사 언약, 약속

(1) 兑现承诺 언약을 지키다
(2) 许下承诺 언약을 하다

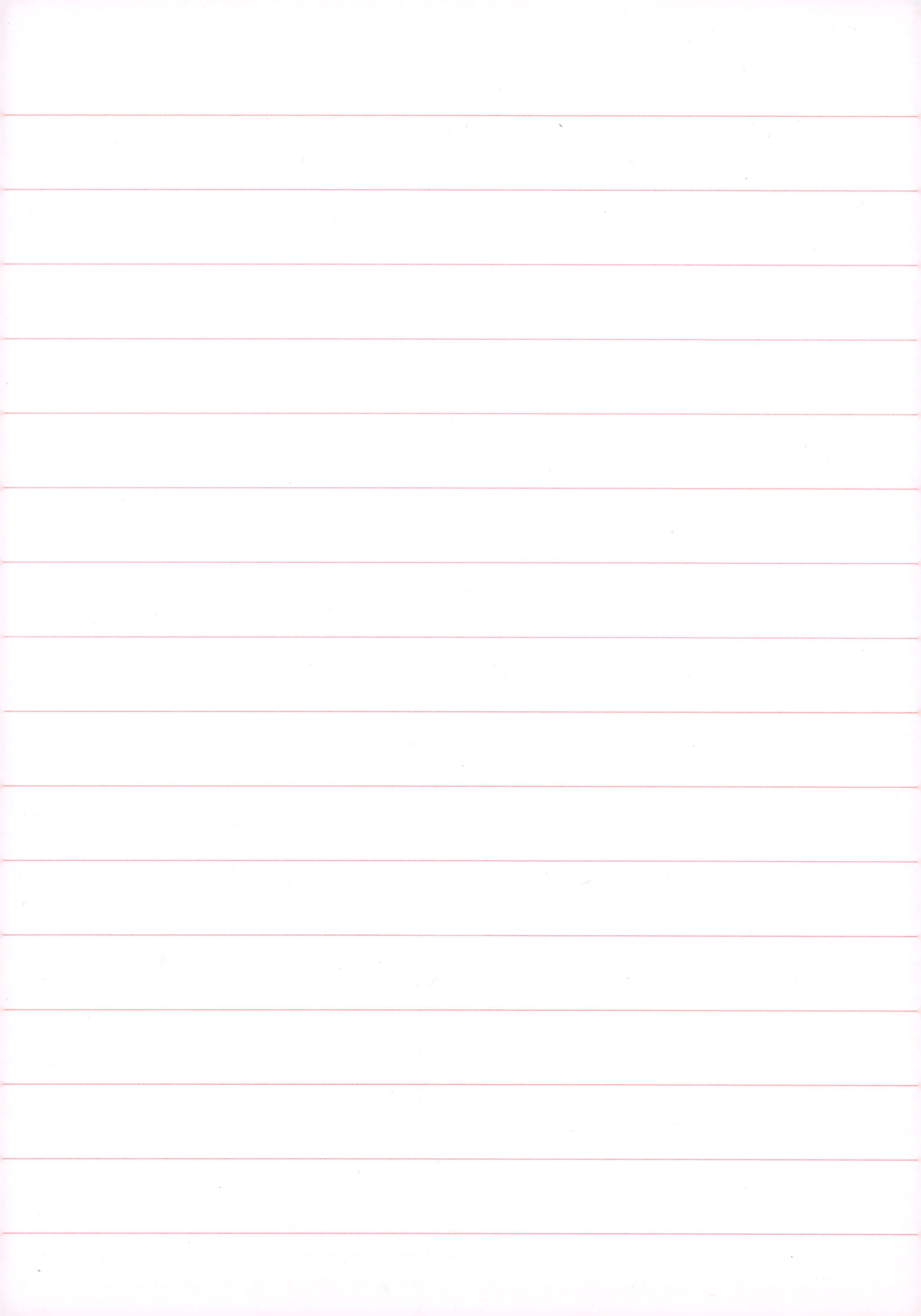